GIGN
VINGT ANS D'ACTIONS

- 1974-1994 -

JEAN-CLAUDE BOURRET

GIGN
VINGT ANS D'ACTIONS

- 1974-1994 -

Éditions Michel Lafon
103, bd Murat - 75016 Paris

Du même auteur

Éditions France-Empire
1974 : La Nouvelle Vague des soucoupes volantes
1975 : Le Nouveau Défi des Ovni
1977 : La Science face aux extraterrestres
(prix du Syndicat des journalistes et écrivains)
1978 : Le Défi de la médecine par les plantes
1979 : OVNI, l'armée parle
1981 : Naussac, souvenirs du village englouti
1982 : Nos aventures extraordinaires
1983 : Guérir par l'acupuncture
1981 : GIGN, Les exploits des gendarmes antiterroristes

Éditions Michel Lafon
1984 : Les Maladies sexuellement transmissibles
1985 : Le Sida et les MST
1995 : Protégez-vous des cambriolages

Éditions Robert Laffont
1986 : Le Guide de votre sécurité, et Auto 100
1993 : OVNI, la science avance

Autres éditeurs
1980 : Les Nouveaux Succès de la médecine par les plantes
(Éditions Hachette)
1988 : Le Guide des professionnels de la sécurité
(Éditions Galago)

SOMMAIRE

Ce livre est dédié à tous mes amis gendarmes, et plus particulièrement à ceux du GIGN décédés à l'entraînement :

— Raymond Pasquier, mort lors d'un exercice de franchissement entre deux immeubles de Maisons-Alfort le 23 avril 1977 ;

— Henri Jacques, mort lors d'un exercice de plongée sous-marine à l'oxygène en Méditerranée le 25 mars 1981 ;

— Jean-Louis Maussion, mort lors d'un saut en parachute le 7 juin 1982 ;

— Patrick Berteau, mort à moto le 20 juillet 1989 ;

— Jean-Marie Pignon, mort lors d'une descente en rappel d'hélicoptère le 7 mars 1990.

Avec mes remerciements particuliers :

— à M. Patrice Maynial,
Directeur de la Gendarmerie nationale,

— au colonel Claude Meyer, chef du SIRPA-Gendarmerie,

— et à tous les gendarmes, sous-officiers et officiers qui m'ont confié leurs émotions dans leurs actions.

INTRODUCTION

L'histoire du GIGN sera marquée par cette année 1994. D'abord parce que cette unité d'élite de la gendarmerie a fêté ses vingt ans d'existence. Mais surtout parce qu'au lendemain de Noël, le 26 décembre, le GIGN va réaliser l'exploit de sauver cent soixante-dix otages prisonniers d'un commando islamiste dans un Airbus stationné sur l'aéroport de Marseille.

En vingt ans, que de chemin parcouru par les supergendarmes ! Le GIGN, créé sous la droite, a failli disparaître sous la gauche...

Nous sommes en 1981. Le président Mitterrand vient d'être élu. Un mois auparavant, j'avais publié mon premier livre sur le Groupe d'Intervention de la Gendarmerie nationale. Va-t-il être dissous comme on le lit un peut partout ? Tout va sa jouer lors d'une réception où je rencontre le ministre de la Défense de l'époque, M. Charles Hernu...

**

13

- *Alors, comment va l'ami des gendarmes ?*

Un verre de champagne à la main, souriant, Charles Hernu - le tout nouveau ministre de la Défense - m'interpelle. Nous sommes fin 1981, dans une réception donnée par ses services.

- *Moi je vais bien, monsieur le ministre ; mais ce sont les gendarmes du GIGN[1] qui ne vont pas...*

- *Comment cela ?*

- *Eh bien, depuis l'arrivée de la gauche au pouvoir, ils lisent plein d'échos dans la presse affirmant que vous allez dissoudre leur unité... parce que ce serait une officine d'extrême droite !*

- *Mais c'est absurde ! me répond le ministre toujours très jovial. Il n'en est pas question ! Vous pouvez le leur dire de ma part !*

- *Monsieur le ministre, cela aurait plus de poids si vous le faisiez vous-même...*

- *C'est une bonne idée. Je vais les convoquer au ministère. Ou plutôt, je vais les inviter à dîner... avec leurs femmes ! Les femmes de gendarme sont injustement oubliées...*

Le ministre réfléchit un instant en se prenant le menton dans la main. Un peu interloqué par la spontanéité de Charles Hernu, je mesure toutefois l'importance de ce qu'il vient de me dire avec une grande sincérité : pas question de toucher au GIGN !

J'imagine la joie du capitaine Prouteau. Je le vois très souvent, ces derniers temps. Je viens de terminer

---

1. Groupe d'Intervention de la Gendarmerie nationale.

un livre sur les exploits des gendarmes antiterroristes avec ce titre que j'ai imposé contre la volonté de mon éditeur : GIGN. *À l'époque, lorsqu'ils interviennent avec succès, tous les journalistes les appellent la « brigade antigang ». Et personne ne connaît les initiales qui vont devenir célèbres.*

Mais depuis la publication de GIGN, *en mai 1981, il s'est passé en France un événement politique majeur : la gauche est arrivée aux affaires. Avec l'ambition de changer la vie. Or, d'après des journaux qui ont plutôt une sensibilité de gauche, l'une des mesures que va prendre le gouvernement de Pierre Mauroy est de dissoudre le GIGN. À chaque fois le capitaine Prouteau me téléphone : « Tu as vu l'écho, dans* Le Nouvel Obs ? *Ils veulent dissoudre le GIGN ! Tu sais, on n'a pas trop le moral, au Groupe d'intervention... Tu as entendu parler de quelque chose ? »* Christian Prouteau *sait que je suis accrédité au ministère des Armées, mais cela ne veut pas dire que le ministre me fait ses confidences tous les jours... « Non, je n'ai rien appris... Mais ne te fais pas de souci, Christian, tout cela c'est de l'intox... »*

Au fond de moi, je n'en suis pas si sûr. Il suffit qu'un conseiller bien placé ait cette idée en tête pour qu'elle fasse son chemin. Et personne ne connaît encore le jeu subtil des conseillers du nouveau pouvoir.

- J'ai une meilleure idée, monsieur Bourret, reprend tout à coup le ministre Charles Hernu. Je vais faire inviter à dîner le capitaine Prouteau et le capitaine Barril par le président Mitterrand ! Je ne peux

pas faire plus pour les rassurer... Et ils vont être conviés avec leurs épouses !

Un instant je pense à une plaisanterie. Mais non, le ministre Hernu - fils de gendarme - est à la fois très sérieux dans son propos et toujours aussi sympathique dans son attitude. Et il semble ravi de l'effet que sa décision provoque manifestement sur mon visage.

- M'autorisez-vous, monsieur le ministre, à leur en faire part ?

- Mais bien sûr, vous pouvez leur téléphoner ! Évidemment, ils recevront une invitation officielle par la voie hiérarchique...

Quelques instants plus tard, lorsque j'ai Prouteau au bout du fil, je suis très excité mais n'en laisse rien paraître :

- Salut, Christian, c'est Jean-Claude, comment va le moral des troupes ?

- Pas terrible, ça n'a pas changé...

- Alors là je ne comprends pas. Vous allez être reçus officiellement à dîner par le président Mitterrand à l'Élysée et vous n'avez pas le moral ? C'est incroyable !

- T'es pas drôle, Jean-Claude...

Il va me falloir cinq bonnes minutes pour convaincre Christian Prouteau que je ne plaisante pas, que je suis dans une réception où se trouve le ministre, etc.

- C'est génial... J'espère qu'il ne changera pas d'avis !

***

Charles Hernu tiendra parole à sa façon. Prouteau sera bien invité à l'Élysée, mais pas pour déjeuner.

Il sera profondément marqué par cette rencontre. Il séduira le chef de l'État par sa personnalité, et les deux hommes se reverront rapidement. Car celui qui est entre-temps devenu le commandant *Prouteau expliquera à François Mitterrand que la France n'a pas, pour protéger le chef de l'État, une unité digne des grands pays industrialisés. En pleine guerre d'Algérie, de Gaulle a failli être tué de plusieurs rafales de fusil-mitrailleur dans des conditions qui auraient pu coûter non seulement la vie au général mais entraîner une suite plus sanglante de notre Histoire nationale. De Gaulle roulait en DS 19 non blindée. Il était « protégé » par des policiers - en voitures non blindées, eux aussi - simplement armés de mitraillettes posées sur leurs genoux, et qui n'avaient reçu aucun entraînement spécial... Et depuis lors, tout cela n'a guère changé !*

Bref, François Mitterrand est convaincu. Et il va confier au brillant commandant Prouteau la création d'une unité spéciale chargée de sa sécurité.

En 1982, les attentats se multiplient. Des dizaines de Français sont victimes du terrorisme. La vie du chef de l'État peut être menacée. Feu vert est donné à Christian Prouteau pour imaginer une nouvelle protection du président de la République. Voilà comment est né le GSPR[1].

---

1. Groupe de sécurité de la présidence de la République.

JEAN-CLAUDE BOURRET

François Mitterrand ira plus loin encore. Il confiera - et expliquera pourquoi à la télévision - une mission antiterroriste à Christian Prouteau. Le commandant deviendra préfet ! Il aura un bureau et une équipe à l'Élysée... Ce sera l'épisode de la « cellule antiterroriste » de l'Élysée, et l'« affaire » des Irlandais de Vincennes...

Le but de ce livre n'est pas d'en écrire l'histoire mais de donner une suite au travail anonyme - souvent méconnu - des officiers et sous-officiers qui se sont succédé au GIGN depuis 1981. Avec des missions extraordinaires dans des situations inimaginables...

Le 27 mai 1994, le GIGN fêtait ses vingt ans d'existence. Voici les nouveaux exploits de ces gendarmes d'élite...

1

PROUTEAU : DU GIGN À L'ÉLYSÉE

Fin mai 1982, Prouteau est convoqué à l'Élysée par un fidèle de François Mitterrand. Un homme passionné par tout ce qui touche aux services spéciaux : M. de Grossouvre.

- J'ai discuté avec Charles Hernu, annonce d'entrée François de Grossouvre à Christian Prouteau. Il pense qu'il n'y a que vous pour concevoir le dispositif de protection du président de la République. Nous n'avons pas confiance dans le système actuel. Il n'est pas efficace. Ce n'est pas un problème d'hommes mais d'efficacité. Je vous donne ce rapport (Grossouvre tend à Prouteau un document ronéoté d'une trentaine de pages avec photos, relié par une spirale en plastique), lisez-le et donnez-moi votre avis. Il a été rédigé par la DGSE[1]. C'est une enquête sur la sécurité du président. Vous verrez que ses conclusions sont affligeantes pour les VO[2]. C'est

1. Direction générale de la Sécurité extérieure, ex-SDECE.
2. Voyages officiels.

21

même effrayant d'imaginer que le chef de l'État puisse être à ce point vulnérable...

La conclusion du rapport est claire : grâce à son expérience, seul le GIGN peut organiser la protection du chef de l'État. De fait, les tests d'évaluation de la sécurité présidentielle effectués par la DGSE sont accablants : des inconnus réussissent à passer tous les barrages de sécurité lorsque François Mitterrand embarque à Villacoublay. Personne ne leur demande rien. Incroyable : des inconnus peuvent se faufiler dans le convoi présidentiel... et aucun policier chargé de la protection de François Mitterrand ne s'en préoccupe ! Mieux : l'inconnu - agent de la DGSE - se poste ensuite à côté du Mystère 20 présidentiel, la main sur son arme, sans que personne s'intéresse à lui ! Tout cela pris en photo (les documents figurent dans le rapport) par un autre membre de la DGSE, qui lui non plus n'a aucune autorisation, que personne ne connaît, et qui fait des clichés sans que cela inquiète la « garde » présidentielle... Et à la demande de Grossouvre, on a monté plusieurs actions de ce type !

Grossouvre - qui fera nommer Marion à la tête de la DGSE - avait une vision un peu « bizarre » de tout ce qui touchait aux services spéciaux. Il connaissait beaucoup de monde en Afrique, au Liban, au Proche-Orient, en Extrême-Orient. C'était un ex-« honorable correspondant » qui gardait un faible pour les services secrets. On a fait beaucoup de reproches à Grossouvre, mais il était capable de prendre de bonnes décisions. Et surtout, il avait la confiance du président Mitterrand.

À la mi-juin, Prouteau a lu le rapport et préparé ses propositions, qu'il remet à son « honorable correspondant » de l'Élysée. M. de Grossouvre y porte une ou deux corrections mineures avant de dire à Prouteau :

- Bon, je vais transmettre votre rapport à André Rousselet[1].

Huit jours plus tard, Rousselet convoque le commandant à l'Élysée :

- J'ai lu votre rapport. Vos propositions nous plaisent. Vous mettrez en place l'unité de protection, et vous la commanderez !

- Je la mets en place, mais je ne la commanderai pas. Je vous trouverai l'officier adéquat.

- Réfléchissez ! insiste André Rousselet. Car des propositions comme celles-là, on ne vous en fera pas deux...

Mais la décision de Prouteau est bien arrêtée. Il ne s'estime pas fait pour ça. Le « gardiennage » actif - fût-il présidentiel - l'intéresse bien moins que la stratégie de sécurité.

**
*

J.-C. Bourret : - À ce moment-là, avais-tu déjà rencontré le président Mitterrand ?

C. Prouteau : - Non, pas encore. Simplement, le directeur de la gendarmerie avait reçu pour instruction du ministre de la Défense, Charles Hernu, de

---

1. Alors directeur de cabinet de François Mitterrand à l'Élysée (ex-patron des taxis G7 et futur président de Canal +).

m'envoyer rencontrer Grossouvre à l'Élysée. C'est lui qui m'a confié ma mission...

J.-C. B. : - Revenons à ton contact avec André Rousselet...

C. P. : - Il m'a donné trois jours pour réfléchir à sa proposition. Je suis donc revenu trois jours plus tard le voir à l'Élysée. Il m'a reçu en me disant :

» - Alors, mon commandant, vous avez réfléchi à ma proposition... et c'est oui ?

» - J'ai pris ma décision... et c'est non, lui ai-je répondu.

» - Ah... on est têtu !

» - Non, je crois que j'ai fait ce que je devais faire. On m'a demandé des propositions pour assurer la sécurité du président, je les ai formulées. Mais je ne viendrai pas à la présidence de la République pour commander cette unité.

» - Écoutez, ce n'est pas une proposition que l'on fait à tout le monde. C'est une chance dans votre vie ! Je considère que vous n'avez peut-être pas la maturité qu'il faut - vous n'avez probablement pas suffisamment soupesé la valeur de la proposition qui vous est faite -, mais dites-vous bien que c'est une proposition importante. Dans le fond, vous n'avez pas beaucoup le choix...

» - J'y ai vraiment réfléchi. Je vous confirme que je ne viens pas.

» - Alors réfléchissez encore, entourez-vous de bons conseils et revenez demain; mais je pense - je vous le répète - que vous n'avez pas tellement le choix...

» Le lendemain, je reviens à l'Élysée. André Rousselet me fait entrer pour la troisième fois dans son bureau :

» - Alors, mon commandant, vous avez pris votre décision ? C'est oui ?

» - J'ai pris ma décision... et c'est toujours non... Je mets en place la sécurité du président, mais je ne commande pas l'unité.

» - Mais vous êtes têtu comme un âne bâté ! (Je m'en souviendrai toujours, ajoute Prouteau, car on ne m'a pas souvent dit ça !) Qui est capable de vous décider ?

» - J'ai un directeur... Si le directeur de la Gendarmerie me donne l'ordre de commander le dispositif de sécurité du président de la République, j'obéirai, car je suis un militaire.

» - Oui, enchaîne Rousselet, je trouverais quand même anormal qu'un militaire refuse une mission.

» - Mais le militaire que je suis ne refuse pas la mission... à la seule condition qu'elle me soit confiée par la voie hiérarchique. Ce qui n'est pas le cas pour l'instant, puisque vous êtes un civil.

» - Fort bien. J'appelle votre directeur, M. Barbeau.

» Ce qu'il fait devant moi. André Rousselet téléphone au directeur de la Gendarmerie, lui explique le problème, raccroche et me lance :

» - Votre directeur veut vous voir immédiatement; il vous attend.

» Je me rends donc à la direction de la Gendarmerie, où je suis aussitôt introduit auprès de M. Barbeau. Lequel me dit :

» - Écoutez, vous me mettez dans l'embarras. On ne peut pas refuser une proposition qui vient de l'Élysée au plus haut niveau...

» - Monsieur le directeur, je n'ai pas envie d'y aller.

» - M. Rousselet me demande de ne mettre quelqu'un d'autre que vous que si vous persistez dans votre refus, mais moi je n'ai personne d'autre sous la main ! De plus, le ministre Charles Hernu m'a dit qu'il voulait que ce soit vous ! Donc nous n'avons pas vraiment le choix !

» - Et si je n'y vais pas, qu'est-ce qui se passe ?

» - Eh bien on saute tous les deux.

» - Si j'ai bien compris, je suis obligé d'accepter ?

» - Vous avez très bien compris... Maintenant c'est vous qui prenez la décision.

Une fois de plus, le commandant est reçu le lendemain par le secrétaire général de l'Élysée. Mais la nuit portant conseil, Prouteau, entêté, cherche une astuce pour se sortir de ce mauvais pas... « Je me suis dit qu'il fallait que je présente à Rousselet mon acceptation non pas assortie d'une exigence, mais d'une demande qui pourrait sembler naturelle tout en étant impossible à satisfaire. »

Christian Prouteau réfléchit et trouve : il va demander que le chef de l'État lui-même le reçoive pour lui confirmer sa mission !

C. P. : - J'avais le souvenir du président Giscard d'Estaing, qui n'était pas facilement visible, même si le GIGN était régulièrement invité aux vœux présidentiels depuis l'affaire des enfants otages de Djibouti[1]. Lors de cette cérémonie, nous étions en tenue d'apparat. VGE nous disait ''bonjour'' et c'était tout, ça n'allait pas plus loin. J'ai donc pensé que mon exigence de rendez-vous allait être repoussée par M. Rousselet. Il me dirait : ''Vous demandez trop ! Le président est trop occupé.'' Et moi, j'avais déjà prévu la réplique : ''Vous comprenez, vous me demandez d'assurer la sécurité du chef de l'État; or, si ce n'est pas lui en personne qui en forme le souhait et accepte le travail que je vais effectuer avec mes hommes, c'est tout à fait impossible !''

» J'arrive à l'Élysée assez content de mon astuce. J'attends un moment dans le salon Pompadour, puis André Rousselet me fait entrer :

» - Bon, ça y est, votre directeur vous a convaincu ?

» - Oui, je suis d'accord, mais à une seule condition : que le président me dise lui-même qu'il souhaite la mise en place de sa sécurité sous mes ordres.

---

1. Le 3 février 1976, un car transportant trente enfants de militaires français en poste à Djibouti avait été détourné près de la frontière somalienne par des terroristes du FLCS. Après des heures de planque en plein désert, les hommes du GIGN avaient donné l'assaut et abattu les six preneurs d'otages, mais l'un d'entre eux avait eu le temps de tuer une fillette avant d'être mis hors d'état de nuire. Voir *GIGN, Les exploits des gendarmes antiterroristes,* Éditions France-Empire.

» Et c'est alors que, au lieu de me répondre "comment, quelles sont ces exigences ? Il n'en est pas question !", Rousselet me dit :

» - Ah, mais il n'y a aucun problème ! Je vais voir quelles sont ses disponibilités...

» Et de décrocher le téléphone pour appeler le secrétariat particulier !

» - Allô, Marie-Claire ? J'ai devant moi le commandant Prouteau. Il a une mission très confidentielle auprès du président qui doit le rencontrer ; est-ce que vous avez une date à me proposer ?

» Puis Rousselet raccroche, me regarde et me dit :

» - Ça sera le 13 juillet[1].

» Et moi, je me retrouve comme deux ronds de flan avec ma belle stratégie effondrée et mes arguments débiles au fond de ma poche !

» Très vite je reçois mon ordre de mission pour me rendre à la présidence de la République. Et je suis dessaisi du commandement opérationnel du GIGN, où Paul Barril me succède. J'en conserve néanmoins le commandement administratif ; en effet, devant créer mon équipe à partir de cinq hommes du GIGN, je dois garder autorité sur le Groupe pour les mutations.

» Mon ordre de mission a été antidaté au 1er juillet 1982. Le 13 juillet, me voilà donc une fois de plus à l'Élysée, attendant l'entrevue avec le chef de l'État. Depuis plusieurs jours que je pense à cette rencontre - à la fois si importante et si impressionnante -, je me répète : "Il faut absolument que tu dises à François

---

1. 1982.

28

Mitterrand que tu n'as pas voté pour lui!'' Pour moi, c'est la moindre des honnêtetés. Il faut qu'il sache que l'officier chargé de sa sécurité ne partage pas ses opinions politiques, tout en étant un militaire loyal envers les institutions de la République.

» J'ai ruminé la chose plusieurs nuits d'affilée, cherchant la phrase et me demandant sans cesse : "Comment vais-je lui présenter ça ?" Je me disais aussi : "Le président est un littéraire'', et j'avais peur qu'il n'ait des militaires l'image d'hommes figés au garde-à-vous avec vingt mots, quatre onomatopées et quinze cris gutturaux pour tout vocabulaire *(rires)*. Je voulais lui donner une image vraie de ma personnalité : un militaire capable de réfléchir avec une modeste culture. Il fallait que le personnage historique de François Mitterrand, en face du soldat Prouteau, accepte que je me tienne en permanence à ses côtés avec mes hommes. Il y avait donc nécessité absolue d'une confiance réciproque, et ce n'était pas évident.

» Ce 13 juillet donc, à midi, juste avant le déjeuner, un huissier en grande tenue m'introduit dans le bureau présidentiel en annonçant à voix haute :

» - M. le commandant Prouteau !

» Assez impressionné, je me mets au garde-à-vous :

» - Mes respects, monsieur le président.

» - Oui, mon commandant, je vous vois tout de suite, dit le président Mitterrand, qui, assis derrière son bureau Empire, est en train de signer des classeurs.

» Devant le bureau présidentiel il y a deux chaises. Je me place derrière celle de droite. Et depuis, chaque fois que je suis entré dans ce bureau, j'ai toujours choisi la même chaise. Ainsi je me trouve légèrement de biais, avec à ma droite deux fenêtres donnant sur les jardins de l'Élysée.

» Un instant plus tard, François Mitterrand lève la tête de ses papiers et me dit :

» - Ah, mon commandant, asseyez-vous... Alors, il paraît que vous allez me rendre la vie dure ?

» - Non, monsieur le président, pourquoi ?

» - Si : on me dit que vous allez tellement bien vous occuper de ma sécurité que je ne serai jamais seul !

» - Monsieur le président, si je veux assurer votre sécurité, il faut que je sois là nuit et jour. En échange de cette confiance que vous m'accorderez, à moi et à mes hommes, je puis vous garantir que nous ne verrons rien et que nous n'entendrons rien. Mais nous serons là nuit et jour.

» - Vous vous rendez compte ? C'est lourd, ce que vous me demandez là...

» - Oui, monsieur le président, mais comment voulez-vous que j'affirme prendre votre sécurité en charge s'il y a des moments où je ne la maîtrise pas ?

» - Vous avez raison, c'est vrai, c'est d'une logique implacable...

» - Monsieur le président, si organiser la protection d'une haute personnalité ne se fait qu'à certains moments choisis par cette personnalité, il n'y a pas de véritable sécurité...

» Un temps de réflexion très court, puis François Mitterrand me dit :

» - Écoutez, c'est d'accord !

Le commandant Prouteau est quelque peu surpris par la rapidité de la décision présidentielle. Tout semble si facile... Mais dans sa tête reste l'épineuse question de son vote, l'officier ne s'étant pas prononcé pour l'homme dont il assurera la sécurité. Il faut que le président Mitterrand le sache. Prouteau n'en dort pas depuis plusieurs nuits... Or la conversation, finement guidée par le chef de l'État, qui sait être « adorable » et mettre ses interlocuteurs à l'aise, a dévié... sur la littérature.

- ... Je lis beaucoup, monsieur le président, mais depuis quelques mois j'ai moins l'occasion d'assouvir ma passion de la lecture...

François Mitterrand parle aussi de la mission des gendarmes du GIGN, et le commandant Prouteau se laisse aller à des confidences...

- J'ai toujours en moi une blessure et une interrogation, monsieur le président, sur les personnes que nous avons dû abattre dans l'exercice de notre fonction. La mort d'un homme, fût-elle celle d'un terroriste prenant des enfants en otage - je pense à l'affaire de Djibouti -, n'est pas facile à assumer.

- C'est là ce qui fait votre valeur, mon commandant, et c'est là aussi la grandeur de la servitude militaire.

D'images en histoires et d'histoires en tableaux intimes, la conversation se poursuit, entre les deux hommes qui se découvrent, au rythme des infléchissements voulus par le chef de l'État. Avec finesse, comme il sait si bien le faire avec ceux qu'il veut séduire, François Mitterrand continue à deviser avec le tout jeune commandant Prouteau. Sans doute sent-il en cet officier d'une trentaine d'années un homme hors du commun. L'expérience, la culture, la foi de Christian Prouteau sont incontestables. Cela lui vaudra beaucoup d'ennemis. On ne pardonne pas le talent ! Alors le président poursuit, mine de rien, son tour de l'homme. Il sait par ses intimes - par André Rousselet, par Charles Hernu, son ministre de la Défense, et par Grossouvre - que le commandant Prouteau est l'unique homme de la situation pour organiser sa sécurité.

De plus, nous sommes dans une période où la gauche victorieuse est encore victime de ses fantasmes. Des militants du PS font régulièrement croire que la « droite », voire l'« extrême droite » vont assassiner le tout nouveau président de gauche. On a même arrêté un farfelu qui circulait sur les Champs-Élysées avec une Renault 30 et un gyrophare. Farfelu qui, selon certains journaux, aurait préparé un attentat contre le chef de l'État ! Tout cela est absolument faux, mais les symboles ont la vie dure. L'assassinat de Jaurès reste puissamment ancré dans les mémoires de gauche.

En outre, la guerre d'Algérie a montré que la droite musclée pouvait tirer au fusil-mitrailleur sur le premier des Français : le général de Gaulle a bien failli être tué par Bastien-Thiry au Petit-Clamart.

Mais en ce 13 juillet 1982, dans le bureau de François Mitterrand, c'est une autre page d'Histoire qui s'écrit : celle de la naissance du GSPR, le Groupe de sécurité de la présidence de la République. Avec un fondateur qui n'a qu'une seule idée, « avouer » au chef de l'État qu'il n'a pas voté pour lui. Or, visiblement de bonne humeur et probablement séduit par ce jeune officier, le président Mitterrand continue son exploration discrète de l'homme qui va désormais assurer sa sécurité :

- Alors, mon commandant, êtes-vous marié ?

- Oui, monsieur le président, j'ai deux enfants.

- Et vos parents ? Vous avez toujours vos parents ?

- Oui, monsieur le président. Mon père est à la retraite. Il était colonel de gendarmerie. C'est un Vendéen. Ma mère l'a suivi dans tous ses déplacements et mutations.

- Vous aimez votre région ?

- Oui, monsieur le président, j'aime beaucoup la Vendée.

Le président cligne un instant des yeux en signe de satisfaction. Il aime beaucoup ceux qui sont attachés à leur région, à leur terre, aux racines de la vie. On sait que les chefs d'État africains ont une passion sacrée pour le village de leur enfance. On a même vu le président Houphouët-Boigny transformer son village... en capitale de la Côte-d'Ivoire. Il y a bâti, « sur sa cassette personnelle », la fameuse basilique de Yamoussoukro, plus grande que celle du Vatican !

Puisant sa philosophie dans les racines de l'homme éternel, le président François Mitterrand a toujours instinctivement senti la force de la terre, de la forêt, de la région dans le développement de l'homme accompli.

- Ah, la Vendée a donné beaucoup de grands noms à la France, reprend le chef de l'État. Clemenceau, de Lattre de Tassigny...

Assis du bout des fesses sur le fauteuil de droite, face au bureau présidentiel, le commandant Prouteau est partagé entre deux sentiments : l'un le pousse à se laisser aller à ce moment si important dans sa vie personnelle, un petit moment de l'Histoire de France... Cet homme qui lui parle avec tant de détachement par rapport à sa fonction et aux dorures qui en symbolisent l'importance, cet homme, le président de la République, c'est l'Histoire de France en personne qui lui parle de l'Histoire de France ! Quel moment... Et quelle sensation de dédoublement, quand l'officier mesure son privilège d'accaparer ainsi le temps du chef de l'État pour parler des temps forts de l'Histoire tandis qu'au même instant un tout autre sentiment le taraude... Un sentiment toujours présent, toujours plus puissant et qui maintient en lui une gêne : il faut qu'il lui dise la vérité sur son vote aux présidentielles !

Mais soudain François Mitterrand donne un nouveau virage à cette conversation à bâtons rompus qu'il maîtrise parfaitement :

- Donc, si je comprends bien, la confiance est réciproque ? Je vous fais confiance, et vous me faites confiance...

- Monsieur le président, je n'ai pas à vous faire confiance... Je n'ai pas à vous poser ce genre de question... Mais je vous demande de me faire confiance...

- C'est bien comme cela que je l'entendais...

Un temps, puis le chef de l'État conclut l'entretien d'un :

- Eh bien c'est d'accord, mon commandant !

Alors Prouteau, désespéré, se jette à l'eau :

- Monsieur le président, il faut que je vous dise encore quelque chose...

Le président a l'air surpris. Il regarde tout à coup l'officier avec intensité, en plissant les yeux et avec un visage interrogatif, « comme s'il s'attendait à une horrible révélation de ma part », dit Christian Prouteau.

- Ah bon ! et quoi d'autre ?

- Eh bien... Monsieur le président, je n'ai pas voté pour vous !

Manifestement, François Mitterrand s'attendait à quelque chose de grave, voire de honteux, de quasiment indicible... Et pourtant c'est dit ! Prouteau est soulagé...

Le sort en est jeté.

Le visage du président se transforme à nouveau. Un mélange d'amusement et de soulagement. Une « révélation », un « aveu » qui sont bien peu de chose face aux lourds secrets de la raison d'État... des secrets qui broient progressivement ceux qui glissent la main dans l'engrenage du pouvoir absolu...

- Vous savez, mon commandant, beaucoup de Français ont voté pour moi, alors une voix de plus ou de moins... !

François Mitterrand fait un large geste de la main droite, imitant la faux du paysan qui coupe à chaque geste tant d'épis qu'on ne peut les compter... Oui, un épi de plus ou de moins à chaque fauchée ne changera rien à la destinée de la brassée qui, vigoureusement serrée et liée, fera la gerbe... A-t-on jamais vu un paysan demander : « Dans cette gerbe, y a-t-il une tige de blé qui manque ? »

L'auteur de *La Paille et le grain* a tout dit, tout répondu à l'officier dans ce geste séculaire et inconscient :

- Croyez-moi, mon commandant, tout cela n'a pas d'importance...

Prouteau est soulagé. Il y a tant de jours et de nuits qu'il pensait à cet instant précis... tant de soucis, d'inquiétudes, d'hypothèses, de craintes, de dialogues défaits et refaits... Oui, tant de soucis pour une petite chose, quelques secondes de la petite histoire que le chef de l'État vient de cueillir et de faucher.

Il se sent maintenant ridicule, le bel officier de la Gendarmerie nationale, le créateur du GIGN. Il espérait au fond de lui un compliment présidentiel sur sa loyauté d'officier et sa rigueur morale de citoyen. Il avait imaginé le président lui disant d'un air pénétré et un peu solennel : « Mon commandant, vous n'étiez pas obligé de me confier cela. J'y vois un gage puissant de votre loyauté et de votre honnêteté. J'y suis très sensible et vous prie de croire que je mesure combien cette démarche a dû vous coûter. Ma confiance en vous n'en est que plus grande... »

Hélas pour l'ego de l'officier, le président tourne presque cet aveu « à la blague », dans le style : « Vous croyez qu'il n'y en a pas assez qui ont voté pour moi ? »

Et Prouteau de sortir un peu gêné du bureau présidentiel, non sans avoir serré la main du chef de l'État dont l'esprit est déjà tourné vers ses dossiers. Dossiers qu'il ouvre avant même que l'huissier ne referme dans un mouvement lent et solennel la lourde porte chamarrée des ors éternels de la République française...

Devant le bureau présidentiel, l'inévitable Attali.

Le conseiller du président, ombre discrète, interpelle systématiquement tous les visiteurs. Attali sait tout. D'abord qui vient, à quelle heure, pourquoi, combien de temps. À sa sortie, le visiteur est interrogé : « Que vous a dit le président ? » Difficile de lui répondre : « Mais, monsieur, cela ne vous regarde pas ! » Lorsqu'on vit officiellement et en permanence à dix mètres du bureau présidentiel, on a l'aura du pouvoir autour de soi - même s'il n'est dit ni dans la Constitution, ni dans le protocole de l'Élysée que tout visiteur doit se soumettre à l'insatiable curiosité d'Attali.

- Alors, mon commandant, comment cela s'est-il passé, avec le président ?

Prouteau raconte, y compris l'anecdote du vote.

Et surprise... surprise : onze ans plus tard, à la lecture du livre de Jacques Attali intitulé *Verbatim*[1], Christian Prouteau découvrira que le conseiller très spécial du chef de l'État a réécrit l'histoire à sa façon... Selon Attali, Prouteau lui aurait demandé - avant de pénétrer dans le bureau du chef de l'État - s'il devait ou non « avouer » au président Mitterrand son « mauvais vote ». Voilà donc *Verbatim* frappé de discrédit. C'est d'autant plus regrettable que cet ouvrage servira sans doute à des historiens pour reconstituer les quatorze ans de présidence mitterrandienne. On a d'ailleurs vu le manque de rigueur

---

1. Éditions Fayard, 1993.

d'Attali stigmatisé par Élie Wiesel, le second ayant reproché au premier d'avoir pillé ses propres notes pour rédiger son livre...

En vérité, ce 13 juillet 1982, Jacques Attali a répondu à Christian Prouteau, mais à la sortie de ce dernier du bureau présidentiel et non à son entrée :

- Vous avez bien fait de le lui dire. Vous êtes un soldat. Le président vous fait confiance...

Et cela, les historiens de la petite ou de la grande Histoire peuvent le tenir pour vrai.

Dès le 14 juillet 1982 Prouteau entre en action, et demande au président l'autorisation de s'insérer dans le dispositif des Voyages officiels :

- J'ai besoin de savoir comment votre sécurité est assurée au quotidien, aussi bien à l'Élysée que dans les cérémonies officielles, pour construire, à partir de mes connaissances et de mes idées, un dispositif de protection nouveau et efficace.

François Mitterrand accepte. Partout le chef de l'État est suivi par Prouteau. En public comme en privé. Et les deux hommes apprennent à vivre ensemble. Ce sera leur première cohabitation pour raison d'État et de sécurité.

Prouteau est seul. Il prend des notes. Il apprend vite. Il observe, détecte, jauge; il ressent.

Ce 14 juillet 1982, donc, il se tient aux côtés des inspecteurs des VO - les Voyages officiels - dans l'une des voitures qui suivent le véhicule présidentiel. Il descend les Champs-Élysées. Émotion et sentiments contradictoires traversent l'esprit du jeune commandant de gendarmerie.

Le 14 juillet, c'est aussi un moment de l'Histoire de France. D'une part il y a là cette foule immense, encore chaleureuse pour le premier président socialiste élu depuis si longtemps en France... D'autre part il y a cette interrogation silencieuse qu'il lit dans les yeux des inspecteurs de police des VO, lesquels se demandent ce que le patron du GIGN peut bien faire à leurs côtés. Ou plutôt, ils ont peur de comprendre que leur mission risque bientôt de se terminer au profit d'une nouvelle équipe composée de gendarmes... Quoi qu'il en soit, ils se montrent plutôt aimables envers l'officier de gendarmerie.

Voici maintenant Christian Prouteau au pied de la tribune présidentielle, au bas des Champs-Élysées, avec François Mitterrand à dix mètres derrière lui, sur une estrade que les téléspectateurs connaissent bien... Et ses observations, Prouteau les couche sur le papier chaque soir, imaginant le meilleur système, celui qui peut concilier l'efficacité et la discrétion.

Un soir le président part à Latché, dans sa résidence privée des Landes. C'est l'occasion, pour le chef de l'État, de poursuivre la discussion commencée dans le bureau présidentiel le 13 juillet 1982.

« Nous avons parlé de choses et d'autres, se souvient le commandant Prouteau, et nous avons dîné à cinq : le président, son épouse, sa belle-soeur, une autre personne et moi... Nous avons discuté littérature, musique, histoire. Je crois qu'il a discrètement apprécié... Le chef de l'État a découvert que j'avais une "certaine culture".

» Nous avons mangé des produits régionaux, salade de gésiers, vin du terroir et fromages de ferme...

» Je suis resté deux jours avec lui à Latché. Petit à petit, j'ai découvert tout ce qu'il faut savoir pour une protection H 24[1]. Je l'ai également suivi dans tous ses déplacements officiels dans les départements jusqu'à la mi-octobre, me tenant en permanence à ses côtés.

» Puis j'ai fait venir cinq hommes du GIGN pour former le noyau dur du GSPR. Ils ont tout créé. J'ai demandé à la direction de la Gendarmerie de faire passer le message suivant : "On demande des volontaires pour mettre sur pied une unité supplétive du GIGN" - cela pour ne pas parler du GSPR, Groupe de sécurité de la présidence de la République.

» Cette note est datée du 20 juillet 1982. Elle doit permettre d'opérer une première sélection début septembre 1982, les gendarmes devant intégrer l'unité le 1er octobre.

» Entre-temps, j'ai contacté Alain Le Carro. Le Carro est un brillant officier. Il avait fait jeu égal avec Paul Barril lorsqu'il avait passé les tests pour être officier en second du GIGN. J'avais décidé de choisir le plus jeune des deux - c'est-à-dire le capitaine Barril - lorsque M. Cochard, directeur de la Gendarmerie nationale, m'avait imposé de prendre un adjoint. C'était après l'affaire de Djibouti. Alain Le

---

1. Vingt-quatre heures sur vingt-quatre.

Carro et Paul Barril s'étaient donc retrouvés "en finale" pour ce poste d'adjoint au commandant du GIGN... Le Carro excellent soldat, brillant; Paul Barril plus jeune et plus charmeur.

Un an seulement séparait Le Carro de Prouteau. Cela avait joué en sa défaveur, Prouteau souhaitant un adjoint plus jeune, qu'il pourrait former à ses idées. De plus Alain Le Carro avait été maladroitement « pistonné » par un officier général, mais à son insu. Pourtant cela n'avait pesé ni dans un sens ni dans l'autre, Christian Prouteau ayant immédiatement compris que la démarche du général était motivée par l'admiration qu'il portait spontanément à ce brillant officier... L'enfer est pavé de bonnes intentions !

Avec la franchise qui le caractérise - et qui ne lui vaut pas que des amis -, Prouteau avait alors expliqué à Le Carro :

- Écoutez, je n'ai pas aimé la façon dont le général X est pesamment intervenu en votre faveur. Je sais que vous n'y êtes pour rien et qu'il l'a fait à votre insu. Si je ne vous prends pas, c'est que nous n'avons pas assez de différence d'âge et de grade. Je veux pouvoir travailler avec mon adjoint sans être ''poussé'' par des histoires d'avancement...

Mais Prouteau, séduit par la personnalité de Le Carro, lui avait fait une « promesse d'homme » :

- Je vous donne ma parole que si un jour je crée une nouvelle unité, le premier officier que j'appellerai, ce sera vous.

41

Promesse tenue en ce mois de juillet 1982. Alain Le Carro, qui venait d'être muté outre-mer, a foncé et demandé l'annulation de sa mutation. Il était à l'époque instructeur au centre des Équipes légères d'intervention de Satory.

« Le Carro a été immédiatement affecté au GIGN pour y faire sa formation, m'explique Christian Prouteau; c'était le 20 juillet 1982. Il s'est entraîné comme un sous-officier. En septembre, nous avons fait la sélection parmi une soixantaine de candidats. Nous en avons gardé trente. Ils ont été mis au secret. On leur a dit : ''Vous n'aurez plus de contact avec vos familles pendant un certain temps; on ne vous dit pas tout de suite quelle va être votre mission. Vous allez être durement entraînés pendant six mois. Votre mission commencera le 1er mars 1983.

» Ces trente hommes ont été entraînés au camp de Montdésir, et ils ne sont évidemment pas passés inaperçus parmi les autres militaires. Mais pour tout le monde c'était simplement une unité supplétive du GIGN...

» À partir du 15 décembre des doutes commencent à poindre parmi les militaires, car les textes créant le GSPR viennent d'être publiés... et parlent de trente hommes commandés par le capitaine Le Carro, plus les cinq hommes du GIGN qui représentent l'encadrement. Le GSPR est donc une émanation complète du GIGN, dans l'esprit comme dans la formation.

C'est dans ce contexte que va survenir l'affaire des Irlandais de Vincennes.

En civil et sous la direction du capitaine Paul Barril, le GIGN arrête sans casse et sans violence trois Irlandais dans un appartement de Vincennes.

L'affaire, qui va faire couler beaucoup d'encre, est simple : ces hommes détiennent des armes et des explosifs. Cela pour se protéger - expliquent-ils - des services spéciaux britanniques qui menacent leur vie. En pleine période de terrorisme international, l'Élysée publie un communiqué de « victoire ».

Le président Mitterrand, que je joindrai par téléphone à l'Élysée (je suis à l'époque à TF1), m'affirmera : « Ce n'est pas moi qui ai fait ce communiqué. » Peu importe. L'arrestation des supposés terroristes irlandais prend aussitôt (et garde encore en 1995, treize ans plus tard !) une coloration politique qui alourdit et complique un dossier où les surprises ne vont cesser de s'accumuler...

Le but de cet ouvrage n'est pas d'en démêler l'écheveau, mais pour avoir suivi de très près le dossier je donnerai la seule information qui vaille d'être retenue : trois des quatre armes retrouvées chez les Irlandais ont bien été reconnues par ces Irlandais eux-mêmes comme leur appartenant. Tout le reste est presque littérature... Notamment la polémique à propos de la provenance de ces armes : étaient-elles en possession des Irlandais dans cet appartement, ou bien - si elles ne s'y trouvaient pas - est-ce Paul Barril qui les a prises dans une autre de leurs planques pour les apporter sur le lieu de l'arrestation ?

Reste que l'affaire dite des « Irlandais de Vincennes » va salir la présidence de la République (on parle de coup monté par la cellule antiterroriste de l'Élysée, qui n'y survivra pas), salir Prouteau et Barril (qui se fâcheront d'ailleurs, et leurs rapports restent mauvais), et salir le GIGN, avec pour conséquence l'obligation de changer tous les trois ans le commandant de cette unité prestigieuse.

Cette décision est évidemment une cote mal taillée. Il s'agit d'abord, pour la direction de la Gendarmerie, de ne pas prendre le risque de transformer le patron du GIGN en star des médias - star qu'il deviendrait inexorablement, au fil du temps et des missions spectaculaires rapportées par les journalistes. Mais il s'agit également de laisser à l'officier nommé à la tête de cette unité d'élite suffisamment de temps pour qu'il acquière l'expérience nécessaire.

Être le patron du GIGN ne se décrète pas. Il faut une osmose entre les hommes et l'officier. Tous ont risqué leur vie. Confrontés à la mort dans chaque opération (ils ont eu dix-neuf blessés en vingt ans, dont neuf lors de l'assaut du 26 décembre 1994 contre l'Airbus d'Air France détourné sur Marseille) et à l'entraînement (cinq morts dans le même laps de temps), ils ne sont pas impressionnés par les galons. Ils ont besoin d'avoir la certitude que leur officier « fait le poids », qu'il prendra les bonnes décisions au bon moment.

Alors seulement les officiers et les sous-officiers assurent la pérennité de l'expérience et de l'âme du GIGN. Ces sans-grade, ces obscurs, confrontés tout au long de leur carrière à des centaines d'opérations, forment dès lors le ciment de cette unité d'élite, qui ne manque pas de savoureux souvenirs.

2

L'INCROYABLE
PARTIE DE FOOT

Le 3 mai 1979, à 18 h 30, un télégramme confidentiel arrive sur le bureau du ministre des Affaires étrangères. Il est ainsi libellé :

« L'ambassade de France au San Salvador vient d'être prise en otage par des militants armés d'un mouvement d'extrême gauche : le BPR (Brigades populaires révolutionnaires). Une dizaine de Français sont détenus aux côtés de l'ambassadeur par ce commando puissamment armé, cagoulé et composé de onze personnes. Elles exigent que la France fasse pression sur le San Salvador pour que leur mouvement soit officiellement reconnu par les autorités salvadoriennes. »

La France, qui jouit d'un grand prestige en Amérique latine, va paradoxalement être victime de sa réputation de terre d'accueil pour les réfugiés politiques et de pays qui défend les droits de l'homme.

Le gouvernement français ne se doute pas qu'il vient d'être engagé dans une prise d'otages qui va durer… trois semaines !

Dans un premier temps c'est le commissaire Leclerc, patron de la BRI - l'antigang français -, qui

47

va avoir mission d'aller sur place et de jauger la situation. Il fera un rapport très détaillé et constituera un important dossier photo qui sera très précieux au GIGN venu prendre la relève après quinze jours de négociations infructueuses.

Grâce à ces photos, le gendarme Jacques Henri fera une maquette au 1/20e de l'ambassade et de son environnement. Les hommes du GIGN pourront ainsi se familiariser avec les lieux avant même que l'ordre d'intervention ne leur soit officiellement notifié.

- Je prends ! dira Prouteau après quarante-huit heures d'études à la direction de la Gendarmerie. Ça, nous savons faire !

Mais parmi toutes les questions sans réponse, une interrogation de taille demeure : quelle sera l'attitude de l'armée salvadorienne ? Il n'est en effet pas sûr que, en cas d'évacuation des otages et de leurs ravisseurs, l'armée du San Salvador ne tente pas un coup de force pour se saisir des « révolutionnaires armés ». Tous les membres du GIGN seront donc mobilisés, à l'exception des stagiaires qui resteront à Paris avec un sous-officier « au cas où ».

Dans le bureau de Jean François-Poncet, ministre des Affaires étrangères, Christian Prouteau est invité à s'asseoir :

- Commandant, le président Valéry Giscard d'Estaing a décidé que ce serait au GIGN d'intervenir...

- Nous sommes prêts, monsieur le ministre.

- Expliquez-moi ce que vous allez faire.

- Après étude du dossier photo et des plans que nous a transmis le commissaire Leclerc, nous avons le sentiment qu'une action simultanée contre les ravisseurs est possible. Nous entamerons une fausse négociation pour endormir la vigilance des terroristes. Et nous les neutraliserons en jaillissant de plusieurs endroits, comme nous savons le faire.

- Vous avez tous les détails?

- Non, monsieur le ministre. Nous devons aller voir sur place, car il subsiste quelques imprécisions sur certaines pièces du bâtiment dont les modifications n'apparaissent pas sur les plans originaux.

- Et alors?

- Alors nous devons positionner le GIGN au plus près, c'est-à-dire en Guadeloupe, pendant que j'irai sur place pour observer directement la situation.

- Il faudra évidemment prendre toutes les précautions pour que vos hommes et vous-même ne soyez pas repérés...

- Effectivement, monsieur le ministre, car ils seront transportés par un quadrimoteur DC8 du COTAM[1]... et ce ne sera pas précisément discret! Mais nous ferons croire qu'il s'agit de trois équipes de football militaires venues pour une rencontre inter-armées.

Jean François-Poncet esquisse un sourire...

- Et vous?

- Pour ne pas me faire repérer je partirai en civil, sur un avion de ligne à destination des États-Unis. De là, je prendrai un véhicule et j'emprunterai la Transaméricaine, le Mexique, puis le San Salvador où je me ferai discrètement prendre en charge par

---

1. Commandement du transport militaire aérien.

des Français locaux. Je jouerai au reporter pour m'approcher de l'ambassade et estimer la situation réelle.

- Puis-je vous être utile dans le montage de cette opération ?

- Monsieur le ministre, je souhaite obtenir l'appui d'un ambassadeur à qui vous donnerez les instructions nécessaires, mais en étant le plus discret possible sur le but réel de ma mission. Ce pourrait être l'ambassadeur de France au Guatemala, très proche du San Salvador. Du Guatemala, je partirai avec une voiture. Elle sera conduite par quelqu'un de l'ambassade du Guatemala qui connaît bien celle du San Salvador.

- C'est d'accord, acquiesce immédiatement Jean François-Poncet.

Sur son bureau, il ouvre une mallette. Des liasses de billets de 500 F apparaissent. Cinquante mille francs au total.

- Voilà pour vous éviter la paperasse de l'administration, dit le ministre en tendant la mallette... Maintenant, je vais prévenir le président Giscard d'Estaing.

Le lendemain, Christian Prouteau et Paul Barril reçoivent leurs faux passeports... Tous deux sont devenus ingénieurs des pétroles en mission sur un puits au Mexique !

Toute l'énergie de Prouteau est désormais concentrée sur le succès de sa mission. Il rencontre le commandant de bord du DC8 pour lui expliquer :

- Ce sera une mission très dangereuse. Vous serez sans assistance dans un pays hostile où l'armée peut vous prendre à partie. Vous devrez donc être autonomes. Alors il vous faut prévoir une antenne médicale dans l'avion pour soigner les blessés éventuels.

- OK, dit le commandant de bord. Nous aurons l'ÉMIR[1] à bord de l'appareil. Elle a l'habitude des coups pourris. Le toubib est un type super. C'est un gynécologue...

Prouteau manque d'avaler sa cravate :

- Un gynéco ? C'est un gag ? Qu'est-ce qu'il va foutre avec mes quarante hommes ?

- Rassurez-vous, commandant, reprend le pilote en partant d'un grand éclat de rire, c'est d'abord un chirurgien de guerre, mais il a fait ensuite une spécialité de gynéco !

Prouteau et Barril, habillés en ingénieurs des pétroles BCBG, partent immédiatement de Paris pour Houston puis de Houston pour Mexico par le premier avion.

Arrivés à Mexico, ils louent un Lear-jet privé qui va les transporter à Guatemala City, où l'ambassadeur de France les récupère à l'aéroport. C'est lui qui va les faire conduire par la Transaméricaine jusqu'au San Salvador, où a eu lieu la prise d'otages.

Ah, la Transaméricaine ! Quel piège à rêves, et quelle déception... Prouteau imaginait une formidable autoroute tracée au cordeau à travers des forêts

---

1. Équipe médicale d'Intervention rapide.

51

infinies. Il s'est retrouvé sur une mauvaise route en terre défoncée, et avec un trafic surréaliste... Des minibus multicolores décorés au gré de l'inspiration éthylique du conducteur... Des grappes humaines tenant par miracle sur des amas incroyables de ballots... Une conduite kamikaze... Combien de fois les deux officiers de gendarmerie ont cru leur dernière heure venue en voyant foncer sur eux la masse multicolore d'un de ces engins illuminés par des dizaines de feux jaunes, rouges et verts...

Tandis que le jeune militaire en civil de l'ambassade de France donne de brusques coups de volant pour éviter la collision mortelle, Paul Barril somnole et récupère. Quant à Prouteau, il regarde de tous ses sens. Il sait que chaque seconde enrichit sa mémoire d'images indélébiles.

Sur sa poitrine un appareil-photo brinquebale au hasard des trous de la Transaméricaine et des embardées de la voiture de l'ambassade, une 504 break. Prouteau s'est métamorphosé en journaliste photographe... grâce à un boîtier Canon que je lui ai offert lors de la fête annuelle du GIGN ! « Il y a vingt heures j'étais à Paris, pense Prouteau... Quelle aventure... »

Un pays où l'air chaud et humide colle à la peau, où la végétation vert sombre surgit d'une terre rougeâtre... Partout le danger d'une révolution éclatée... Chaque jour il y a des morts, à Guatemala City... On y trouve plus facilement une Kalachnikov qu'un emploi !

Justement, voici le premier barrage de la Transaméricaine : une dizaine d'adolescents dépenaillés, mais au regard résolu, la « Kalach » pointée vers les poitrines et le double chargeur engagé, prêt à se vider en une seconde. Sur le côté une guitoune, genre paillote, tenue par quatre bouts de bois. C'est le contrôle...

D'un coup de coude Prouteau réveille Barril :

- Putain j'ai pas d'arme, même pas un cure-dent, plaisante le capitaine Barril.

- Avec cinq Kalachnikov pointées sur nous, tu n'aurais rien pu faire... Et puis regarde-les bien : ils ont dans les quinze-seize ans...

Le faisceau d'une lampe électrique aux piles fatiguées se promène à l'intérieur de la voiture... s'arrête plus longuement sur les visages... Le jeune militaire qui fait office de chauffeur sourit. Il sait comment s'y prendre, et il parle espagnol :

- Tout va bien, messieurs... ce sont des touristes français.

- *Ah si ! Bueno, bueno... Turistas !*

Le canon de la mitraillette se relève.

- Si, nous allons à San Salvador pour voir des amis, des Français comme nous...

La Transaméricaine... Des trombes d'eau. Le ciel en furie. Un orage équatorial. Prouteau et Barril sont trempés. Instantanément. Le temps d'aller de l'aéroport civil à l'aéroport privé, le temps de monter en voiture puis de descendre et ils ont le sentiment de sortir tout habillés d'une piscine. Avec une chaleur sourde, mais la transpiration est lavée par la pluie.

L'orage équatorial enveloppe tout. Des cascades se précipitent sur le pare-brise. L'essuie-glace est transformé en pagaie, on rame... C'est le jour, et pourtant c'est la nuit. Un ciel d'encre. Noir. Un ciel de fin du monde.

Dans la 504 de l'ambassade, les deux officiers du GIGN roulent à vitesse réduite sur la route défoncée qui traverse une immense forêt. Encore la nuit. Impression irréelle. Il y a douze heures, ils étaient encore à Paris. Mais d'avion en avion et maintenant en Peugeot, ils s'enfoncent dans un pays du bout du monde. Rêve ou réalité ? Ils ne savent plus. Tout va si vite...

Soudain, le barrage. Des chenapans déguenillés les stoppent, la Kalachnikov menaçante. Ils ont de quinze à dix-huit ans. Barril est un peu nerveux. Sans arme il se sent nu, impuissant face à des gamins ! Mais même s'il avait gardé une arme - ce que Prouteau lui a formellement interdit - il n'aurait pas été question de tirer...

Le jeune militaire de l'ambassade est très bien. Calme. Il a décidément l'habitude. Une nouvelle fois il discute en espagnol. Rassure. Glisse un billet dans les passeports :

- Nous sommes des touristes !

- *Ah si, turistas !*

Le billet s'envole. Magique. Le barrage se lève et les canons pointent les étoiles. Tout va bien. La 504 repart en souplesse. Les phares jaunes éclairent des bas-côtés indécis.

- T'as vu, dit Barril, ils étaient nu-pieds...

- Oui, mais ils avaient tous armé leur Kalachnikov...

Cinquante kilomètres plus loin, nouveau barrage. Même scénario. L'expérience qui rentre. Sourires. *Turistas*. Un billet qui disparaît du passeport lu à l'envers par un gamin au regard dur, mais à la frimousse adolescente. Les mitraillettes qui se lèvent. Un geste large... et *« Adios señores... Buon viage ! »*

La route indécise. Paul Barril qui finit par somnoler, Christian Prouteau qui décompresse. Puis encore un barrage, un autre et un autre. Déjà la routine, quoi...

6 heures du matin. Un vague début d'aube pardessus les arbres... et la ville. Là, soudain, davantage de voitures, de camions, des éclairages. San Salvador City, la capitale qui s'éveille. Le jeune homme de l'ambassade s'arrête. Une villa. Une porte qui s'ouvre. Le sourire un peu timide d'une jeune femme. Son mari est derrière elle :

- Entrez, messieurs, entrez et soyez les bienvenus !

Paul Barril et Christian Prouteau pénètrent dans un salon. Tout est mignon, bien rangé, coquet. Au milieu de la pièce, sur une table ronde recouverte d'une adorable nappe blanche brodée, un somptueux petit déjeuner à la française : café, croissants, toasts, beurre, confiture, jus de fruits... Inattendu et touchant !

- On a aussi préparé des lits. Vous devez avoir besoin de repos...

Superbe accueil d'un couple de Français fiers de pouvoir rendre service à leur pays.

Les deux officiers se restaurent sous l'œil attendri de la maîtresse de maison.

- Nous allons dormir deux heures. Voulez-vous nous réveiller à 8 h 30, s'il vous plaît ? Nous irons ensuite à l'ambassade, pour estimer la situation...

C'est OK. Un court sommeil. Deux heures seulement, mais très réparateur. Douche, toilette, et voici nos deux officiers fringants comme pour une matinée de parade... et questionnant leurs hôtes sur ce qu'ils savent de l'ambassade :

- Y a-t-il eu des modifications récentes des pièces à l'intérieur de l'ambassade ?

La réponse fuse, mais après un instant d'hésitation :

- Non, rien n'a été modifié depuis que nous sommes en poste ici, c'est-à-dire depuis deux ans...

D'autres questions s'enchaînent, sur ce qu'ils savent de l'opération, sur la position occupée par les terroristes au premier étage, sur la situation des otages, sur l'armement utilisé, sur la motivation des preneurs d'otages. Mais rien de décisif n'émane des questions-réponses.

Prouteau prend sa saharienne :

- Paul, tu vas aller repérer l'autre côté de l'ambassade. Il y a un bijoutier dont l'atelier donnerait derrière les bureaux où sont détenus les otages. Vois si on peut percer à l'explosif, pour créer une voie d'entrée. Moi, je vais me transformer en journaliste, prendre des photos, discuter avec les preneurs d'otages pour savoir ce qu'ils veulent...

À ce moment de la prise d'otages, on sait qu'il y a une douzaine de « terroristes ». Ils détiennent dix personnes.

Barril, lui, est « déguisé » en touriste : chemise bariolée, pantalon vert clair, Polaroïd en bandoulière. Ah ! ce Polaroïd ! Il va en émerveiller plus d'un.

Un peu plus tard, au retour de la mission, dans l'arrière-pays, ils rencontreront des gamins dans des villages misérables, sur des collines accessibles par des routes rougeâtres et défoncées par les torrents de pluie. De ce néant d'humanité - où la nature, sans cesse, avale ce que l'homme bâtit - surgissent donc des visages d'enfants. Plus de Kalachnikov, mais des sourires. Terribles de beauté, de bonheur simple. Des étrangers ! Barril adore les enfants. Sans doute parce qu'il en a gardé l'âme. Il leur parle, les photographie, leur donne les photos. Émerveillés, ces enfants voient petit à petit apparaître leur visage dans ce minuscule miroir de papier à retardement. Cris de joie. Hurlements de rire.

Excitation fabuleuse. Instants simples et magiques. Souvenir indélébile dans la mémoire des deux officiers. Moments de pureté absolue, après la violence des hommes...

Tout cela à la limite du San Salvador et du Guatemala. Tout cela dans des villages où les cochons se mélangent aux hommes sur des chemins de terre battue. La misère. Totale. Mais la beauté des villages, comme une compensation d'un Dieu honteux de sa création.

Pour l'instant, voici Prouteau qui s'approche de l'ambassade.

Un cordon de police est disposé à bonne distance. Les preneurs d'otages ont exigé qu'ils se tiennent loin du bâtiment de l'ambassade de France. Prouteau, avec son appareil-photo, a vraiment l'air d'un journaliste ! Il passe sans problème.

L'ambassade est là : c'est un bâtiment carré et blanc d'un étage. L'officier reconnaît immédiatement tous les détails déjà étudiés sur les plans et les photos.

Au rez-de-chaussée, des baies vitrées, des grilles amovibles. Assez légères, note Prouteau. On peut les faire sauter en fonçant avec un gros 4x4 lancé à bonne vitesse. À l'entrée, un petit guichet pour le gardien de l'ambassade. Cette fois c'est un homme cagoulé et armé qui garde l'escalier montant au premier étage, là où se trouvent les bureaux de l'ambassade de France et les otages.

Face au terroriste cagoulé, un foulard jaune autour du cou marqué BPR, Prouteau demande en français :

- Je suis journaliste, je peux faire des photos ?
- *Ah, si ! Jornalista ! Si, si, señor !* ...

Et d'un geste l'homme en cagoule désigne les escaliers. La voix est très jeune. Très. Il n'a pas seize ans, pense Prouteau, qui mesure l'ampleur du problème. Intervenir contre des gamins armés...

Mais voici le premier étage. Deux canons se pointent sur lui. Il montre son appareil-photo. Tout se calme vite.

Au côté de Prouteau, un traducteur improvisé qui parle couramment espagnol et français. C'est un membre de l'ambassade de France au San Salvador.

Les « terroristes » aiment bien les journalistes. Ils aiment parler avec eux et se faire prendre en photo. Tous sont encagoulés, bien armés - encore des Kalachnikov -, et ont des voix jeunes.

- Ce sont tous des adolescents ! remarque Prouteau.

Consciencieusement, il photographie. Les ados prennent des poses viriles, avantageuses, et ils parlent volontiers. Un débit saccadé, rapide, une fièvre dans la voix :

- Nous sommes déterminés. Nous irons jusqu'au bout. Nous tuerons les otages si la France n'oblige pas le gouvernement à reconnaître notre mouvement politique : le BPR. Nous n'avons pas peur de la mort. Nous sommes prêts à donner nos vies pour nos idées !

Pendant ce temps, à l'étage du dessous, Barril, chez le bijoutier, fait sa reconnaissance. Cela dure deux heures. Puis retour chez le couple de jeunes Français. Le soleil commence à torréfier Guatemala City. La circulation se fait plus rare. L'heure du repas suivie de la sainte sieste a commencé. Prouteau et Barril échangent leurs renseignements :

- Oui, par la bijouterie, une voie d'accès est possible. Il y a même une porte qui donne dans les bureaux de l'ambassade. Cette porte est condamnée mais il est facile de la faire sauter, précise Barril.

- Il y a également une autre voie par la baie vitrée du rez-de-chaussée. Elle est protégée par une grille métallique qui se replie en accordéon. Cette grille est fermée la nuit par une chaîne. Il nous faudrait un véhicule puissant et lourd pour la défoncer...

- Mais nous avons notre 4x4 Range Rover, mon capitaine, il est à votre disposition...

Le jeune marié a dit cela avec beaucoup de naturel. Son épouse acquiesce de la tête.

- Je vous remercie, mais vous savez qu'il risque d'être sérieusement abîmé dans l'opération

- Ce n'est rien, si cela peut libérer les otages...

- Vous savez que nous n'avons pas les moyens de vous le rembourser...

- Cela n'a aucune importance, la vie humaine n'a pas de prix; allez-y, il est à vous...

Prouteau et Barril sont un peu gênés. La générosité naturelle de ces jeunes Français les touche. Car ils sont loin d'être riches, ce sont de simples fonctionnaires ! Mais on sent qu'ils ont une âme. Ils sont fiers de pouvoir aider une unité d'élite à délivrer les otages, parmi lesquels ils comptent quelques amis.

En Guadeloupe, le lieutenant Lepouzé est arrivé, en base arrière, avec le détachement complet du GIGN. Officiellement, il s'agit d'équipes de football venues jouer quelques rencontres amicales ! Au téléphone, Prouteau se montre prudent :

- J'ai vu le chantier. Le travail est possible. Il va falloir renforcer les équipes.

- Faut-il plus d'équipes ?

- Oui, deux équipes techniques de plus. Nous ferons deux passages au lieu d'un sur le chantier. Il y aura aussi à élargir une cheminée pour faire un passage. Nous aurons besoin de pas mal d'explosifs.

Fort de ces renseignements, Lepouzé réorganise les équipes du GIGN. Et désormais, il faut passer très vite à la mise en place.

Prouteau et Barril font le trajet inverse. Trois cents kilomètres en 504. À nouveau les barrages, les gamins et leurs Kalachnikov. Puis l'aéroport où les attend le petit avion à réaction de six places, le Lear-jet.

Prouteau a tout calculé. L'avion doit les déposer avant 23 heures à Pointe-à-Pitre. Des ordres ont été donnés aux pilotes : « Faites le plein, et tenez-vous prêts à décoller pour une longue distance. »

Les pilotes privés ne savent évidemment pas à qui ils ont affaire. Ces deux Français qui payent en dollars en puisant des billets dans une petite mallette sont à leurs yeux des hommes d'affaires internationaux. De toute manière ils ne posent pas de questions : le client, quand il paye, est roi.

Prouteau pense un instant au ministre Jean François-Poncet. C'est un homme de décision. Un type « bien ». Il a tout aplani de telle façon que le GIGN ne rencontre pas de difficultés matérielles pour accomplir cette mission en territoire étranger : DC8 du GLAM pour transporter les troupes, argent liquide en dollars (l'équivalent de 100 000 F 1995) et, pour faciliter la mission Prouteau-Barril, la mobilisation discrète des ambassades.

L'ambassadeur de France au Mexique en fera d'ailleurs indirectement les frais.

Il reçoit d'abord un télégramme ultra-secret : « Vous allez recevoir et accueillir personnellement une haute autorité gouvernementale en mission très confidentielle. »

Le vieil ambassadeur, un monsieur de la « carrière », s'habille en conséquence. Sa grande expérience de la diplomatie lui fait ressentir la probabilité d'accueil d'un secrétaire d'État, voire d'un ministre en mission discrète en Amérique du Sud.

Stupéfaction : c'est un simple capitaine de gendarmerie que l'ambassadeur, très au fait de l'actualité, reconnaît immédiatement. Partagé entre sa déception, sa mission et la colère d'être dérangé pour accueillir un officier subalterne, il se montrera correct mais froid.

Prouteau comprend très bien. Mais l'ambassadeur souscrira scrupuleusement aux demandes de Prouteau : louer un avion à réaction privé et payer la compagnie.

Après Djibouti, c'est la deuxième fois que le GIGN va intervenir sur une prise d'otages à l'étranger. Cela dit, au moment de l'intervention du GIGN à Djibouti, le territoire des Afars et des Issas était, pour peu de temps encore, sous administration française...

Tous les gendarmes du GIGN sont mobilisés, sauf les plus jeunes, les derniers arrivés. Ils sont restés - fort marris - à Maisons-Alfort, en dispositif d'alerte, au cas où un événement se produirait en France. Les trente gendarmes aguerris sont donc tous partis pour la Guadeloupe à bord du DC8 du COTAM. Même Renaud, qui au GIGN s'occupe des équipements, est mobilisé. Pourtant il a l'avant-bras dans le plâtre, mais il n'aurait donné sa place à personne... Là-bas, on aura besoin de sa compétence, car les équipements doivent être complets et en parfait état de marche...

À Guatemala City, Prouteau rencontre immédiatement l'ambassadeur, qui met son bureau à sa disposition.

Malgré le décalage horaire - il est 1 heure du matin à Paris -, l'officier du GIGN appelle le ministre Jean François-Poncet par le téléscripteur codé :

- Monsieur le ministre, nous avons effectué notre reconnaissance de l'ambassade. Notre intervention est parfaitement possible. Nous pouvons neutraliser les terroristes et libérer les otages.

- Sans casse ?

- Le risque existe toujours, monsieur le ministre, mais j'estime que ce risque est faible.

- Bon, vous avez le feu vert du gouvernement.

À Pointe-à-Pitre, Lepouzé est à son tour prévenu :

- Nous allons arriver dès ce soir avec Barril. Les hommes doivent être prêts pour un décollage demain soir et une intervention après-demain.

- Comment cela va se passer, à notre arrivée ?

- Les autorités sont tenues au courant par Paris. Elles assureront la protection de notre avion sur l'aéroport, et la protection de notre cortège jusqu'à l'ambassade. Nous interviendrons en parfaite collaboration avec le gouvernement du San Salvador.

- Et au retour ? Le BPR ne risque-t-il pas de nous attaquer sur le trajet entre l'ambassade et l'avion ?

- Tout cela a été minutieusement préparé. Il y aura une forte présence militaire et policière salvadorienne sur le trajet retour... Cela dit, nous avons eu du mal à obtenir des autorités du San Salvador que nous gardions les preneurs d'otages. Je ne vous

63

cache pas qu'il y a eu de fortes réticences. Dans le pays, l'armée n'est pas sûre. Nous devons envisager qu'elle peut se retourner contre nous pour nous arracher les terroristes... Il faut donc prévoir de l'armement lourd sur nos véhicules afin de faire face à toute éventualité. Il faut également qu'une équipe reste près de l'appareil pour assurer sa protection.

C'est d'ailleurs à compter de cette opération que le capitaine Prouteau estimera nécessaire d'appuyer les gendarmes commandos du GIGN par une unité de choc parachutiste : le GSIGN.

Rapidement, une voiture de l'ambassade conduit Prouteau et Barril vers l'aéroport. Leur Lear-jet est toujours là. La porte est ouverte et l'escalier intégré à la porte, prêt à accueillir les passagers. Le commandant est bardé de galons. Il est assez rondouillard, moustache et type mexicain prononcé, le cheveu très noir. Son copilote est tout aussi chamarré, mais avec un galon de moins. Il est plus svelte :

- *Benvenudos, señores...* Nous sommes à votre disposition, l'avion est prêt et nous aussi... où voulez-vous aller ?

- À Pointe-à-Pitre, en Guadeloupe, répond Prouteau.

Les petits yeux noirs du commandant mexicain s'écarquillent.

- Mais, *señor,* ce n'est pas possible ! Il faut que l'on dépose un plan de vol, il faut demander l'autorisation une heure avant le décollage ! Il y a des procédures internationales ! Nous sommes obligés de les suivre !

- Bon, dit Prouteau, essayez de voir si cela pose un problème... Dites que c'est urgent... Faites ce que vous pouvez !

Le pilote et le copilote quittent l'avion et se dirigent déjà vers les proches bureaux de l'aéroport... Un quart d'heure plus tard, les mauvaises nouvelles s'accumulent. Les deux pilotes ont fait le point avec les autorités, et ce n'est pas brillant :

- *Señor,* nous avons un problème, il faut que nous fassions un plein complet.

- Mais je pensais que vous l'aviez fait ?

- Oui, mais aux trois quarts, pour que l'avion ne soit pas en pleine charge. Seulement, là, nous allons survoler la mer, et les règles internationales nous obligent à avoir suffisamment de kérosène pour faire demi-tour...

- Bon... Et ça va prendre combien de temps ?

- Environ vingt minutes, le temps que le camion-citerne arrive... mais ce n'est pas tout !

- Quoi d'autre ? interroge Prouteau, prêt à tout.

- Nous devons nous poser à Kingston avant 21 heures pour refaire le plein. Mais l'aéroport ferme à 21 heures. À Kingston, ils fonctionnent à la britannique...

- Et cela va prendre combien de temps ?

- Eh bien il est 19 heures, nous avons 1700 kilomètres à parcourir et notre avion vole à 850 km/h. Il faudra donc deux heures pour atteindre Kingston. Ça va être juste, surtout si nous avons des vents contraires...

- Tant pis, il faut y aller. Décollez dès que possible.

À 19 heures, comme prévu par le commandant, qui s'exprime de façon inimitable - en mélangeant espagnol, anglais et quelques rarissimes mots de français -, le biréacteur décolle, emportant Prouteau et Barril confortablement assis dans de larges fauteuils de cuir. La fatigue des folles quarante-huit heures qu'ils viennent de vivre commence seulement à se faire sentir. Et Barril a faim. Ils n'ont rien avalé depuis plus de douze heures !

Fouineur, Paul Barril découvre un mini-frigo. Il l'ouvre... Il y a des amuse-gueule, quelques boissons diverses et... une bouteille de champagne Dom Pérignon ! La compagnie privée a l'habitude de bien soigner ses clients. Il est vrai que les tarifs ne sont pas donnés...

- Notre mission se présente mieux que prévu, annonce Barril à Prouteau. Je te propose d'arroser ça au Dom Pérignon... Ce sera toujours ça de pris !

Dans la cabine passagers, à peine plus large qu'une Renault Espace, les deux officiers ne peuvent même pas se tenir debout. Barril s'active fébrilement sur le bouchon de la bouteille de champagne, tout en écoutant, à travers les rideaux entrebâillés qui les séparent à peine de la cabine de pilotage, les conversations radio qui parviennent jusqu'à eux.

Barril n'aime pas l'avion. Très à l'aise sur terre et dans l'eau - il est moniteur de plongée sous-marine -, ce terrien n'apprécie guère le transport aérien. L'esprit aux aguets, vaguement inquiet, il écoute attentivement puis se précipite vers Prouteau, bouteille à la main :

- Christian, tu as entendu ? Il se passe quelque chose d'anormal... qu'est-ce qu'ils disent ?

Prouteau tend l'oreille pour traduire l'anglais à fort accent mexicain :

- Rien de particulier, Paul, ils rendent compte à la tour de contrôle de notre position...

- Tu es sûr que tout va bien ?

- Mais oui, tout est normal. Tu comprends, tant qu'on était au-dessus de la terre, on pouvait trouver un coin pour atterrir... Mais là, on survole la mer !

- Non, non, je t'assure, insiste Barril, qui a jeté un coup d'oeil par la fente du rideau... Il se passe quelque chose d'anormal, ils sont en train de gonfler leurs gilets de sauvetage !

- Tu es sûr ?

- Oui oui, je suis sûr qu'ils ont un problème mécanique, l'avion ne vole pas normalement !

Prouteau pose sa coupe, se lève, se dirige vers la cabine de pilotage, écarte les rideaux. Derrière lui, le regard inquiet de Barril...

- Tout va bien, messieurs ?

- Si, si, *señor,* tout va bien.

- Mais pourquoi gonflez-vous les gilets de sauvetage ?

- Parce que nous n'avons jamais survolé la mer. Alors nous vérifions le matériel, selon la procédure !

- Comment ça : vous n'avez jamais survolé la mer ! s'inquiète soudain Prouteau.

- Non, *señõr*... Nous n'avons jamais fait ce trajet !

Tête de Prouteau, et tête encore pire de Barril...

- J'étais sûr que c'étaient des charlots !

Le commandant de bord a bien compris que les deux Français se posent des questions sur leurs compétences. Il abandonne les commandes à son copilote et rejoint la petite cabine passagers. Il ouvre une minuscule porte, d'où il extrait des canapés au saumon :

- Mangez, *señores,* tout va bien, le vol est parfait, il n'y a aucun problème...

Barril, tapi dans son fauteuil, finit par se détendre... canapés et champagne aidant !

Voyant ses deux passagers rassurés, le commandant regagne son fauteuil dans la cabine de pilotage. Pas pour longtemps. Écartant à nouveau les rideaux, il fait signe à Prouteau de venir...

- *Señor,* vous voyez que la nuit tombe... Je viens de refaire les calculs : nous risquons d'arriver après 21 heures à l'aéroport de Kingston, et il sera fermé...

- On ne pourra pas se poser ?

- Si, aux instruments. Mais on risque de ne pas avoir suffisamment d'essence et d'être obligés de passer la nuit sur place, pour ne redécoller que demain matin... Vous savez, ce sont vraiment des fonctionnaires, là-bas !

- Écoutez, ce n'est pas possible... Joignez-les par radio, et dites-leur qu'ils nous attendent.

- OK, je les appelle... Aéroport de Kingston ? Aéroport de Kingston pour Fox-Tango-Bravo ?

- Parlez, Tango-Bravo.

- En route vers vous, nous arriverons vers 21 heures. Pouvez-vous maintenir vos installations ouvertes ?

- Bien, nous laisserons la piste allumée. Mais vous ne pourrez pas avoir d'assistance essence.

- Terminé. Merci.

Le commandant à l'uniforme richement bariolé se tourne vers Prouteau, toujours derrière lui entre les deux rideaux. Il écarte les mains en signe d'impuissance...

- Vous voyez, j'ai fait ce que j'ai pu... En tout cas nous allons nous poser sans problème, puisqu'ils laissent la piste allumée.

Là-dessus le commandant se penche pour tirer, de sa serviette de cuir, la carte d'approche de l'aéroport de Kingston :

- Vous savez, *señor,* je ne me suis jamais posé - ni mon copilote - à Kingston, et on m'a dit que c'était une approche un peu difficile !

Fort heureusement Barril comprend mal l'anglais. Une chance, se dit Prouteau. Seulement voilà... Paul Barril, avec son sixième sens, est déjà dans son dos :

- Qu'est-ce qui se passe, Christian, il y a un problème ?

- Mais non, Paul, on est en train de prendre contact avec la tour...

- T'es sûr ?

- Mais oui !

- Putain, ils ne pourraient pas parler allemand, tes Mexicains ? Au moins je comprendrais !

Paul Barril s'exprime en effet couramment en allemand. Sans doute grâce à sa charmante et sportive épouse, qu'il a connue outre-Rhin.

Toujours en anglais, Prouteau s'adresse au pilote :

- Demandez quand même à la tour de contrôle qu'elle retarde une citerne d'essence. Il faut absolument qu'on fasse le plein.

- On va essayer, mais ça va être dur !

Le commandant de bord s'exécute aussitôt et appelle la tour :

- Pouvez-vous retenir un camion-citerne afin que nous puissions faire le plein dès notre atterrissage ?

La nuit est brutalement tombée. Mais soudain, là-bas, au loin, des milliers de petites lumières multicolores : Kingston surgit du néant de la nuit.

Prouteau regarde sa montre. Il est 21 h 05. « On va rater le camion d'essence pour quelques minutes », pense-t-il, catastrophé.

Le commandant de bord, assez tendu - comme son copilote -, jette sans cesse un œil sur les instruments de bord, puis sur la carte. L'avion s'incline. Il cercle. Il tourne, il hésite :

- Bon sang, dit Prouteau, vous ne trouvez pas la piste ?

- Je n'arrive pas à m'aligner...

Heureusement pour Barril, ce dialogue a lieu en anglais... Encore un tour. Sous les ailes de l'appareil, Kingston défile pour la cinquième fois !

- Ça y est, c'est bon ! annonce le commandant.

Le Mexicain n'a pas l'air très sûr de lui. Des gouttes de sueur perlent sur son front. Son copilote, les yeux rivés sur le tableau de bord, semble tétanisé. Cette fois, une certaine inquiétude s'empare du chef du GIGN. Il regarde à l'extérieur, à travers le parebrise, et s'exclame :

- Mais... ce n'est pas la piste ! Vous n'êtes pas face à la piste !

- Comment ça ? interroge le commandant, qui lève les yeux à son tour et quitte ses sacro-saints instruments. Si si, c'est la piste !

- Mais non ! La piste est là, sur votre gauche !

Silence. Les deux pilotes regardent à toute vitesse leurs instruments, leur carte, et … Kingston à travers leur pare-brise… *Ils sont en train d'essayer de se poser sur l'avenue principale de Kingston !* L'équivalent des Champs-Élysées parisiens !

L'avion dévie brutalement de son axe. Le commandant remet les gaz. La piste, la vraie, est plus à gauche. Ils la voient enfin…

Incroyable situation. Sans l'inquiétude spontanée de Barril et la vigilance de Prouteau, ils auraient tous disparu dans un crash mémorable en plein centre ville de Kingston.

Cette fois l'avion fait la bonne approche. La piste est là, illuminée dans la nuit, mais moins visible que l'avenue principale. Un léger choc. Ça y est, ils sont posés ! En bout de piste, l'avion rejoint l'allée de service. Mais c'est le désert. Plus rien, plus personne. L'avion s'immobilise. Les deux pilotes s'épongent le front. Ils l'ont échappé belle…

La porte avant est ouverte. L'escalier s'abaisse :

- Paul, débrouille-toi comme tu veux, mais trouve-moi une citerne d'essence !

Barril descend sur le tarmac, heureux de retrouver enfin la terre ferme. Coup de chance, à une centaine de mètres un camion-citerne fait le plein d'un petit avion. Le conducteur explique qu'il est encore là parce qu'il a eu un problème de buse pour remplir l'appareil, qui doit repartir le lendemain matin très tôt. Avec Barril tout va très vite. Non seulement il récupère le camion-citerne et son chauffeur, mais il

« taxe » quatre plateaux-repas à un technicien de piste qui remplissait l'appareil de victuailles !

Le plein est fait rondement. En un quart d'heure l'avion est prêt à redécoller, tandis que le conducteur du camion-citerne, plié en deux, remercie ces deux étrangers un peu fous qui viennent de lui laisser un pourboire royal...

Dans sa chemisette Lacoste et son léger pantalon beige clair, Barril rayonne. Il a vivement mené et réussi sa mission.

L'avion redécolle en direction de Pointe-à-Pitre qu'il va atteindre trois heures plus tard, en pleine nuit. Cette fois, l'atterrissage se fait sans encombre.

À leur arrivée, un gendarme se précipite :

- Mon capitaine, une partie de vos hommes est déjà loin.

- Comment ça ?

- Oui, vous avez un message du lieutenant Lepouzé. Il s'est produit un événement à San Salvador.

Prouteau pense aussitôt qu'un drame a eu lieu et que les guérilleros ont dû abattre un otage...

- Mais c'est de la folie ! s'exclame-t-il. Ils ne connaissent ni la configuration des lieux ni notre plan d'intervention !

En cinq minutes, tout le monde se retrouve dans une salle de l'hôtel Méridien. Prouteau, Barril, et ce qui a été laissé sur place du GIGN, une demi-douzaine de gendarmes. Ces derniers expliquent :

- Nous avons reçu un message du quai d'Orsay. Il a fallu prendre très vite une décision. On a essayé de vous joindre, mais sans succès. On a été obligés de partir car les types se rendent. Le négociateur, l'évêque, a fait savoir qu'une intervention militaire était imminente, et que les guérilleros allaient être tués... Comme vous le savez, mon capitaine, les évêques d'ici sont très proches des paysans... Alors les guérilleros ont pris peur. Ils ont décidé de se rendre. Mais ils ne veulent se rendre qu'au GIGN ! Donc, on a été obligés d'envoyer deux équipes. On a conservé le schéma que vous aviez décrit au lieutenant Lepouzé. Ils sont tous partis avec le DC8. L'avion devra ensuite évacuer les guérilleros vers le pays d'accueil qu'ils ont choisi : le Panama. Nous on reste en réserve, au cas où il y aurait besoin de renforts pendant le déplacement.

Au même moment, dans le DC8 qui les transporte au Guatemala, les gendarmes du GIGN sont tendus. L'armement lourd de l'unité a été embarqué. Et chacun sait qu'à tout instant, lors de cette mission, la guerre peut éclater...

Ils sont préparés à tout, sauf à la guerre ! Ils ont tout essuyé, lors d'interventions et à l'entraînement, mais pas le feu de mitrailleuses lourdes et de canons lors d'une guérilla urbaine.

La seule expérience de ce type de situation, ils l'ont faite à Djibouti. Couchés dans le sable brûlant du désert, à cent quatre-vingts mètres de leurs cibles, ils avaient dû subir le feu de plusieurs mitrailleuses qui les avaient cloués au sol, la peur au ventre[1]. Mais au Guatemala, quels dangers vont-ils affronter ?

---

1. Voir *GIGN, Les exploits des gendarmes antiterroristes,* Éditions France-Empire.

Le quadriréacteur s'enfonce dans la nuit. Une partie des gendarmes parvient à s'endormir. Et le chef R. rêve :

Il est dans un car avec les otages. Soudain, un char. Énorme. Il barre la rue. Le conducteur pile. La tourelle tourne vers eux.

- Dégagez ! dégagez ! hurle le chef R.

Mais les hommes restent figés aux fauteuils.

- Barrez-vous !

Le chef R. essaie dans un dernier effort de faire évacuer le car. La gueule noire d'un énorme canon est maintenant face à lui :

- Putain ! il va tirer !

Il tire. Un éblouissement, une explosion. Le chef a explosé. Ses chairs passent par les vitres éclatées... Du sang partout... Le car brûle. Il est mort... Mais il hurle.

Réveil soudain et brutal :

- Ça va, René ?

- Ouais, ça va... j'ai fait un cauchemar...

Le DC8 vole maintenant depuis cinq heures. Le jour se lève brusquement. À dix mille mètres d'altitude, une lueur orangée éclate dans le ciel noir. Le soleil. Très vite il monte de quelques degrés. Éblouissement. Les gendarmes se réveillent. Ils vont atterrir dans une heure. La tension monte. Chacun vérifie ses équipements. Des Thermos de café circulent.

Dans la cabine, le commandant Lambert regarde la carte d'approche de l'aéroport. Tout est en ordre pour l'atterrissage. L'équipage a commencé la descente. Là-bas, la piste se profile. Le lourd DC8 s'aligne. Les volets sortent. Le soleil est maintenant bien accroché dans le ciel bleu. Plein beau temps.

- On est pile en face ! lance le copilote.

La piste bétonnée est touchée en souplesse. Le commandant inverse les réacteurs et entame le freinage.

- Merde ! Mais cette piste est trop courte ! On va sortir !

Le commandant voit avec angoisse le bout de la piste arriver.

- Freinage d'urgence ! ordonne-t-il.

Sur le tableau de bord, le copilote lève une barrette de sécurité rouge et enclenche deux boutons. La pression hydraulique sur les freins est soudain à son maximum. Les pneus fument. Mais le bout de la piste arrive... Trop tard. Le lourd quadriréacteur roule maintenant sur l'herbe... Dix mètres, vingt mètres, quarante mètres... Enfin l'arrêt !

Dans le cockpit, l'équipage décompresse.

- Ah les cons ! La piste n'a jamais fait 2300 mètres ! On a failli se planter...

Dehors, les premières voitures de pompiers arrivent. Mais il n'y a pas de dégâts. Et encore moins de victimes.

Dans l'immense cabine passagers, la vingtaine de gendarmes a serré les fesses... Rompus à toutes les manœuvres de décollage et d'atterrissage de tout ce qui vole, ils ont très vite compris qu'il y avait un problème. Mais ils sont vivants et sans blessés. Priorité à la mission. Les réflexes sont intacts. La nuit de mauvais sommeil a quand même rechargé les accus...

Et dans l'appareil, il y a également une équipe médicale de l'ÉMIR, l'Équipe médicale d'Intervention rapide.

Le nuage de poussière qui entoure l'avion commence à s'atténuer doucement. Les portes sont ouvertes. La gueule de deux mitrailleuses lourdes apparaît. Les pompiers se tiennent à distance respectueuse.

Drôles de passagers à secourir !

À côté des voitures de pompiers, voici qu'apparaissent les premiers blindés. Trois, puis cinq, puis sept, canons pointés vers la carlingue. Le chef R. revit son cauchemar :

- Rentrez les mitrailleuses, sinon ils risquent de nous allumer !

Les deux mitrailleuses sont rapidement couchées sur la moquette de l'avion. Coincés ! Ils sont coincés, les gendarmes et la petite équipe médicale ! À dix mètres du sol, sans escalier, pas question de descendre en rappel ! L'avion doit d'abord faire demi-tour pour se remettre sur la piste face au décollage. Manœuvre risquée, sur terrain meuble, pour un avion de plus de cent tonnes ! Et il reste beaucoup de kérosène dans les réservoirs. Ils ont été remplis jusqu'à la gueule en Guadeloupe...

Les réacteurs sont arrêtés. Les blindés empêchent tout mouvement.

Un officier de l'armée guatémaltèque s'approche :

- Vous êtes les troupes spéciales ?

L'homme parle français presque sans accent.

- Oui, nous sommes le GIGN ! crie Lepouzé.

76

- Bon, on vous attendait. On va vous donner une échelle pour descendre.

Dans la cabine passagers, la température monte rapidement. L'arrêt des réacteurs a instantanément coupé la climatisation. Le soleil équatorial passe le fuselage au chalumeau de ses rayons. Les gendarmes transpirent. Les chemises noires se mouillent. Les visages ruissellent. L'échelle se fait attendre. Tout le monde est à cran. Derrière les premières rangées de fauteuils, les gendarmes ont l'arme à la main. Ils sont prêts à l'épreuve de force. Ils perçoivent la tension et la nervosité des soldats.

Lepouzé interpelle à nouveau l'officier :

- Pouvez-vous accélérer la venue de l'échelle ? Ici, on meurt de chaleur !

- *Si, si,* l'échelle arrive !

Elle arrive, en effet.

Les gendarmes descendent. Ils ont remis leurs armes dans les étuis ou à la bretelle. Le premier contact est distant. Prudent. Rugueux. Chacun s'observe. Les gestes sont lents. Mesurés. Il faut faire très attention. Le premier contact est décisif. Tout peut basculer dans la folie de la guerre. Les sept blindés ont toujours leurs canons pointés vers l'avion :

- Soif ?

L'officier tend un Coca à un homme du GIGN... La capsule saute. Le « pschitt » détend l'atmosphère. Le gendarme boit à la régalade. Il sourit. Les soldats sont très jeunes. Dix-huit, vingt ans. Ils sourient aussi. Ça va ; des dialogues s'improvisent. On regarde les armes. Puis un soldat pose au sol sa Kalachnikov. Il tombe la chemise, vite imité par une dizaine de copains. Un ballon sort de nulle part. Le football. Sport national. Passion internationale.

Décor surréaliste. Un soleil chalumeau. Des ombres écrasées. Des images qui vacillent dans la chaleur. Un DC8 immobilisé sur terre. Des traces creusées par les pneus. Des blindés éparpillés autour de l'avion. De la poussière qui volette encore. Des armes posées à même le tarmac. Une vingtaine d'hommes torse nu. Des cris. Des rires. Un ballon qui bondit.

Le gendarme Perez parle espagnol. Une phrase d'écolier lui vient :

- *Se puede jugar con uste des ?* (On peut jouer avec vous ?)

- Si ! si !

En face, c'est l'enthousiasme des soldats. Les rires sont plus sonores. *Jugar !* Jouer, c'est finalement plus amusant que de faire la guerre. Des buts de fortune sont dressés... avec des mitraillettes. L'un des buts - celui du GIGN - est à l'ombre, sous la queue de l'avion. L'autre en plein soleil sur la fin de la piste en ciment.

En un clin d'œil les deux équipes s'organisent : le match commence. But ! Les Français marquent. Des canettes de bière fraîche arrivent. Une voiture noire aussi. Ce sont des représentants de l'ambassade de France. Le diplomate s'attend à voir une unité d'élite au garde-à-vous, il tombe sur des hommes torse nu qui jouent au foot au milieu d'armes éparses sur le sol !

- Qui commande le détachement français ?

- C'est moi, Excellence, répond le lieutenant Lepouzé.

- Bien. Le trajet qu'il faut suivre jusqu'à l'ambassade n'est pas sûr. Il faudra être vigilant. Vous devez prendre toutes les précautions pour assurer votre propre protection, puis celle des otages. Les guérilleros vous attendent. Ils ne veulent se rendre qu'aux gendarmes du GIGN. Ils n'ont pas confiance dans leur armée...

La partie de foot a été immédiatement interrompue. Les uniformes endossés sur des torses en sueur. Les armes sont récupérées de part et d'autre. Une certaine nervosité est à nouveau perceptible :

- Ça va pas être de la tarte, commente le chef L.

Par l'échelle, le matériel lourd est descendu. Deux mitrailleuses AK52. Une colossale puissance de feu dans les mains des gendarmes d'élite. Mais en fait rien de sérieux face à des blindés. Or il y a des tanks. Et une balle de mitrailleuse contre un tank a autant d'effet qu'un gant de boxe contre un mur. Néant... Seulement les ordres sont là. Il faut y aller, et récupérer les otages...

Les gendarmes sont aux aguets. Chacun a son gilet pare-balles, des grenades, le revolver 357 magnum et cinquante cartouches, le riot-gun (fusil à pompe) approvisionné.

L'attente commence. Mais finalement, les gendarmes n'auront pas à parcourir les dix kilomètres qui séparent l'aéroport de la capitale du San Salvador. Les dix-neuf « terroristes » vont leur être livrés à domicile.

À bord de l'autocar, des représentants de l'ambassade de France, et l'ancien patron de la brigade antigang, Marcel Leclerc, devenu préfet de police de Lyon en 1993.

Les visages des révolutionnaires sont jeunes. Seize, dix-huit ans. Parmi eux, six filles. Jolies, mais les traits tirés. Les yeux roulent. La peur est là. Ils ont peur des soldats qui les entourent. Échanges de regards furtifs. Pourvu que personne ne tire...

- Allez, embarquez, embarquez...

Le 357 magnum à la main, entouré de tous ses gendarmes en position de combat, le lieutenant Lepouzé fait des gestes impératifs. Les révolutionnaires ne se font pas prier. Le salut est là. Le drapeau de la France, dessiné sur la queue de l'appareil, est pour eux le symbole de la liberté et de la sécurité... Ils grimpent les marches très vite, comme pour s'arracher au sol de leur patrie. À bord, l'accueil est organisé par le chef Lambert. Chaque terroriste est fouillé. Minutieusement. Pas d'armes cachées. Sauf, soudain, sur un adolescent aux yeux perdus : un petit couteau, sans danger, mais confisqué.

Les douze garçons et filles se placent sagement. Ils sont sales, fatigués, mais soulagés. Au bout de chaque rangée, un gendarme du GIGN verrouille la position.

Dans la cabine de pilotage, le commandant de bord est prêt. Il fait démarrer successivement chacun des réacteurs. En bas, les derniers gendarmes font leurs adieux aux jeunes militaires.

- *Cigaretta ?* lance un jeune soldat en faisant le geste de fumer.

Un gendarme du GIGN sort un paquet de Gauloises. Il le tend. Une petite tige blanche va se ficher entre les lèvres du soldat sud-américain. Un sourire :

- *Gracias !*

Geste de la main. Le gendarme tend son paquet :

- C'est pour toi ! Garde tout.

- *Gracias... muchas gracias.*

Deux autres gendarmes tendent aussi leurs paquets de cigarettes. Des mains avides se tendent.

Un à un les derniers gendarmes montent à bord. La lourde porte est refermée, l'échelle récupérée par les militaires. La tension reste vive. Un coup de feu contre un réacteur suffirait à provoquer une catastrophe. Un avion civil est extrêmement vulnérable aux armes à feu...

Le lourd DC8 commence à rouler sur le taxiway où il s'était réfugié. La piste est là. Trop courte.

- Ça va être limite, estime le commandant, mais il faut qu'on s'arrache de là...

Le DC8 fait un demi-tour majestueux et grondant. Dans la chaleur de l'après-midi, la piste vacille.

- C'est parti...

Manettes à fond, les quatre réacteurs grondent puissamment. Les cent quatre-vingts tonnes commencent à bouger. Les yeux rivés à leurs cadrans, le pilote et le copilote attendent la vitesse de décollage. L'aiguille du tachymètre grimpe lentement. 80... 90... Il faut 110 dix nœuds - 200 km/h - pour décoller.

La fin de la piste approche. Très vite. Tout va se jouer en cinq secondes...

100 nœuds...

Le commandant a des sueurs. Son copilote aussi. Côté « passagers », c'est le silence absolu. Chaque gendarme sait qu'il participe à *Mission impossible !*

- 110 !

Le copilote a presque hurlé le nombre miracle. Doucement, le commandant tire sur les commandes. Il reste dix mètres de piste. Autant dire rien. Le lourd quadriréacteur s'arrache lentement. Déjà les premières maisons. Les toits sont frôlés. Mais l'appareil prend de la vitesse. Et de l'altitude. C'est gagné !

Une hôtesse volontaire passe la tête :

- Ça va, commandant ?

- Ça va, répond laconiquement l'officier.

Mais dans son dos, une énorme tache de sueur...

- Bien, je vais donner ce qui nous reste, dit l'hôtesse...

- Et côté W-C ?

- Il n'en reste plus qu'un d'utilisable, commandant.

- Alors demandez à tous ceux qui peuvent se retenir de le faire. Sinon, ça va être la cata... Dans trois heures ils pourront se soulager...

- Bien, commandant.

Enfin la liberté. C'est l'expression qui baigne les visages des jeunes révolutionnaires. Tous commencent à parler. Ils s'en sont sortis. Vivants !

L'hôtesse arrive. Elle présente des centaines de petits bonbons multicolores dans un panier d'osier. C'est tout ce qui lui reste. Touchant.

Les jeunes « révolutionnaires », qui étaient prêts à mourir pour leurs idées, se précipitent. Des bonbons...

Bien calés dans leurs fauteuils, les gendarmes arborent eux aussi un sourire.

Trois heures plus tard le DC8 se pose au San Salvador. Sur une vraie piste qui a la bonne longueur ! Les otages sont débarqués et confiés aux autorités d'accueil.

Le plein est fait. Le DC8 redécolle et se pose à la Guadeloupe, où l'ensemble du GIGN est enfin réuni. Chacun raconte. La joie est immense. Ils ont risqué leur peau pour une mission pourrie. Mais ils ont réussi sans casse.

Prouteau veut marquer cet instant. Il téléphone au ministre :

- Monsieur le ministre, mes hommes ont réussi la mission que vous leur aviez confiée. Je crois qu'ils ont droit à une petite fête. Avons-nous votre autorisation ?

- Bien sûr ! Il vous reste de l'argent, dans la valise ?

- Oui...

- Eh bien utilisez-le !

À l'hôtel, où tous ont pris une douche, c'est la mobilisation générale.

Des touristes américains voient soudain déferler une meute de solides gaillards hilares. Bouteilles de champagne à la main, les gendarmes du GIGN décompressent.

Tout va très vite. En un clin d'œil, la calme soirée se transforme en fête mémorable. Le champagne coule à flots pour les touristes, qui commencent à trouver ces Français drôlement sympathiques ! L'équipage de l'avion est évidemment de la fête. En un instant, tous sont jetés habillés dans la piscine où s'improvisent bataille de water-polo et démonstrations de plongeons. De solides amitiés viennent de naître. Le médecin-commandant Marie, chargé de la mission sanitaire aux côtés du GIGN, ne se doute pas qu'il va devenir... le médecin accoucheur de l'épouse du commandant Prouteau !

3

LE TROISIÈME SECRET
DE FATIMA

Incrédule, le capitaine Prouteau finit de lire le document que le commissaire de police vient de lui tendre :

- Il veut que le pape révèle le troisième secret de Fatima, sinon il fait sauter l'avion et les cent passagers !

Dans la tour de contrôle de l'aéroport du Touquet, les derniers rayons du soleil éclairent des visages tendus. Il y a là le préfet du département, le procureur de la République, les policiers du SRPJ[1] et le commandant du GIGN, le capitaine Prouteau. Avec son adjoint, le lieutenant Lepouzé, il vient d'avaler deux cent cinquante kilomètres de route. Il est 20 h 10. Nous sommes le 2 mai 1981, à la veille du premier tour des présidentielles. Pour les gendarmes du GIGN, tout a commencé à 16 h 40 par un coup de fil...

- Mon capitaine, un détournement d'avion au Touquet !

_____

1. Service régional de la Police judiciaire.

Lorsqu'il entre dans le bureau du capitaine Prouteau, le sous-officier de permanence téléphonique a
un petit tremblement d'excitation dans la voix.
Incroyable, les hommes du GIGN viennent de terminer une longue série d'entraînements sur tous les types
d'avions existants, et voici que le destin leur donne
l'occasion de mettre leurs connaissances en pratique...

- Donnez l'alerte !

- Bien, mon capitaine, mais le capitaine Barril
n'est pas là...

- Laissez-lui un mot pour qu'il nous rejoigne...

Une demi-heure plus tard, le convoi de trois
breaks CX quitte la caserne du groupe de gendarmerie de Maisons-Alfort. À leur tête, le capitaine Prouteau, qui vient d'entamer sa huitième année
consécutive de commandement dans cette unité d'élite
qu'il a créée. Au volant de sa R5 Alpine - une petite
bombe -, avec à ses côtés le lieutenant Lepouzé, Prouteau se concentre sur sa conduite.

À 19 h 20 les deux officiers arrivent à l'aéroport
cerné par d'importantes forces de l'ordre. Il fait grand
jour. Ce sont les policiers du SRPJ qui sont en charge
de l'affaire. Elle fait déjà grand bruit dans la presse,
et toutes les radios et télés sont là. À l'époque, le
GIGN est encore inconnu de la majorité des journalistes, donc du grand public. Pour les policiers, ces
gendarmes bien entraînés ne sont que les exécutants
d'un assaut éventuel qu'ils décideront.

Dans la tour de contrôle, Prouteau constate qu'il
n'est pas le bienvenu. On le met à l'écart.

- Vous restez en réserve, capitaine... Pour l'instant il n'est pas question de donner l'assaut !

- Mais, monsieur le commissaire, nous avons besoin de renseignements pour bien accomplir notre mission.

- Nous ne savons pas grand-chose. Le ou les pirates détiennent une centaine de passagers en otages dans le Boeing que vous voyez là-bas...

D'un geste, le patron du SRPJ désigne les pistes de garage où stationne le Boeing 737 blanc dont l'image tremblote dans la chaleur qui monte encore du sol.

Le troisième secret de Fatima...

Prouteau n'en revient pas. Le GIGN a été préparé à tout. Sauf à négocier avec le pape !

Fatima, petite commune du Portugal où la sainte Vierge est apparue à plusieurs reprises à trois enfants en 1917. Dans son dialogue avec les deux fillettes et le petit garçon, la Vierge donne plusieurs informations - dont la date de la fin de la Grande Guerre - et un « troisième secret » qu'ils ne doivent révéler qu'au pape. Ce qu'ils ont fait. Depuis 1917, des centaines d'ouvrages ont été écrits sur ce mystérieux troisième secret venu du ciel. Mais seuls les papes le connaissent.

Soudain la radio grésille :
- Tour de contrôle pour Alpha-Tango.
- Parlez, Alpha-Tango.
- Il veut libérer des otages...

Dans la tour de contrôle, le silence se fait instantanément.

- Combien ?

- Il va relâcher trois femmes et trois enfants. Il ne met aucune condition à cette libération. Vous avez bien compris : il ne met aucune condition.

- OK, nous prenons les dispositions pour les accueillir, répond le contrôleur sur un mouvement de tête du commissaire du SRPJ.

Le dialogue a lieu en anglais. Et Prouteau note immédiatement que le commandant de bord emploie *he* (il) et non pas *they* (ils) en parlant des pirates. Donc, en déduit Prouteau, il n'y a probablement qu'un pirate.

Dès que les six passagers sont récupérés, policiers et gendarmes interrogent les trois mères :

- Combien sont-ils ?

- Un seul.

- Quelles sont ses armes ?

- Je ne sais pas, car il se cache dans le couloir d'accès à la cabine de pilotage, à l'avant de l'appareil. Ce sont les hôtesses qui font la liaison avec les passagers...

- Pourquoi vous a-t-il libérée ?

- Parce que je me suis évanouie à plusieurs reprises. Je suis claustrophobe. De plus nos enfants pleuraient sans arrêt, et ça l'énervait...

- Vous n'avez vraiment aucun renseignement sur ses armes ? insiste Prouteau avec l'accord des policiers qui jusqu'à présent ont mené l'interrogatoire.

- L'une des hôtesses nous a parlé d'explosifs qu'il porterait à la ceinture dans deux tubes en verre transparent... Il aurait également une bouteille d'essence... Nous avons senti l'odeur. Il asperge le cockpit avec un autre produit dont il s'arrose également. Et il a toujours un briquet à la main...

Policiers et gendarmes n'en sauront pas plus. Il est 21 heures. Le capitaine Barril vient de rejoindre Le Touquet par ses propres moyens. Prouteau réunit toute son équipe pour faire le point et donner ses ordres. Pas question de s'approcher de l'avion. Il est stationné sur une zone sans obstacles d'où le pirate peut facilement observer tout mouvement suspect. La nuit va mettre longtemps à tomber. Pas avant 21 h 30. Il faut donc attendre pour une reconnaissance « au contact ».

Avec ses gendarmes, Prouteau met au point l'intervention.

- Nous ne savons pas ce qu'il porte sur lui. Peut-être de la nitroglycérine. En tout cas, très probablement, une bouteille d'essence. Les passagers en ont senti l'odeur. Vous allez donc constituer une équipe de quatre hommes avec des extincteurs portables au cas où il réussirait à mettre le feu lors de l'intervention. Il faudra être très rapide. Tout va se jouer là-dessus... L'équipe de contact n° 1 sera composée de F., qui neutralisera le pirate. P., vous enlèverez ses armes et les explosifs. S., vous serez en renfort.

Le capitaine Prouteau distribue à chacun une mission précise. Cinq équipes de contact sont ainsi constituées.

« De contact ». Les mots ont une grande importance dans la mentalité du GIGN. On pourrait dire aussi : commando d'assaut. Ce serait plus guerrier. Mais ces hommes, entraînés comme les meilleurs commandos du monde, ont aussi une âme, une éthique et de la psychologie. Ils ne font pas la guerre aux preneurs d'otages. Ils les neutralisent avec le moins de violence possible. Et lorsque - parfois - le forcené meurt, ils considèrent cela comme un échec, là où tant d'autres crieraient victoire. C'est cela, l'esprit du GIGN. Et le capitaine Prouteau a bien l'intention, en ce mois de mai 1981, d'en faire une nouvelle démonstration.

- L., vous prendrez le commandement de l'équipe "extincteurs". L'un d'entre vous devra également porter une couverture ignifugée.

En disant cela, Prouteau pense à l'intervention de Dreyzieu-Bouteillon où le forcené, retranché dans une grange, avait mis le feu à sa voiture qui avait explosé et transformé l'homme en torche vivante. À l'époque, les gendarmes n'avaient pas prévu ce type de situation. C'est pourquoi tous comprennent bien l'énorme risque que représente un pirate équipé de bouteilles d'essence et d'explosifs dans un avion où cent personnes sont concentrées dans un espace clos...

À 21 h 10, la tour de contrôle reçoit un nouveau message du pirate.

- Contrôle pour Alpha-Tango ?
- Parlez, Alpha-Tango...
- "Il" veut savoir si son message va bien être diffusé par les chaînes de radio et de télévision irlandaises...
- C'est en cours... Cela va se faire... Nous avons interrogé par fax toutes les rédactions...
- Il veut la preuve que son message écrit sera bien diffusé lorsqu'il vous l'aura remis. Vous en connaissez la teneur. Ensuite seulement il libérera tous les passagers... Nous devrons alors le conduire en Algérie.

- Pas de problème, répond le contrôleur qui, avant chaque réponse, consulte le procureur.

Il s'agit évidemment de gagner du temps, de rassurer le pirate, et de permettre la préparation de l'intervention.

Prouteau redescend de la tour. L'ensemble des gendarmes du GIGN est une nouvelle fois réuni pour les ultimes instructions. Chacun finit de s'équiper et de vérifier le matériel qu'il aura à utiliser.

- L., vous allez monter un poste radio au contrôleur de la tour, il est d'accord pour faire diversion quand nous donnerons l'assaut. Montrez-lui comment ça fonctionne et réglez bien le son.

- À vos ordres, mon capitaine.

Avec des gestes précis, le gendarme L. prend un poste émetteur, vérifie qu'il fonctionne, et se dirige vers la tour de contrôle.

21 h 20. La nuit commence à peine à tomber sur l'aéroport. Là-bas, le Boeing blanc semble abandonné dans l'immensité déserte des pistes de décollage et de stationnement. À l'autre bout du petit aéroport, de l'agitation. Très loin de l'avion aux otages, des voitures vont et viennent. Journalistes, curieux, pompiers, ambulances, voitures des autorités se garent dans un mouvement brownien. Trop loin pour inquiéter le pirate.

Dans l'avion, la chaleur commence un peu à tomber. La carlingue a été surchauffée par un soleil impitoyable depuis la fin de la matinée. M. et Mme Wilson sont très inquiets. Leur fille les attend à Londres. Elle doit être affolée. À voix basse, ils échangent leurs impressions :

- Nora, ne te fais pas de souci ; ta fille va nous attendre et c'est tout, elle a dix-huit ans et c'est une grande...

- William, tu sais que cette enfant est très sensible.

- Oui, mais nous n'y pouvons rien.

- J'ai très peur qu'il y ait des morts, William. J'ai très peur de laisser Jennifer orpheline... Et si nous étions tués tous les deux ?

- Mais non ! L'hôtesse nous a dit que des négociations avaient commencé et que tout allait bien... On va bientôt être libérés... Est-ce que tu vois quelque chose, par ton hublot ?

Nora met sa main en visière et se penche. À l'extérieur, dans la nuit qui tombe, rien ne bouge.

- Non, je ne vois rien de particulier, William...

Les deux touristes britanniques ne se doutent pas qu'à quatre mètres sous eux, il y a deux officiers du GIGN. Le capitaine Prouteau et le lieutenant Lepouzé se tiennent en effet sous l'avion, tandis que les équipes d'intervention sont prêtes à les rejoindre en souplesse à trois cents mètres en arrière de l'appareil.

Très lentement, Prouteau, à l'abri des regards sous l'aile gauche, jette un œil dans la cabine de pilotage qui le domine. Grâce à ses jumelles spéciales, il voit parfaitement le dos des deux pilotes légèrement éclairés par des centaines de voyants multicolores.

Prouteau aperçoit aussi le pirate. C'est un homme râblé, d'une cinquantaine d'années, les cheveux grisonnants. Il porte une veste à carreaux écossais à dominante rouge et... un briquet à la main, qu'il tient comme une arme. Le chef du GIGN imagine les dégâts qu'il peut faire. Avec ses hommes, il a assisté à de multiples démonstrations des pompiers sur des carlingues d'avions réformés. Il sait que le feu risque de se propager rapidement. Surtout si le pirate a de l'essence et des explosifs...

Dix minutes plus tard, les deux officiers sont de retour. Ils obtiennent du préfet le feu vert pour l'assaut. Puis, à la tête de la colonne des quinze hommes en noir, toujours groupés à trois cents mètres derrière l'avion, ils mettent au point les derniers détails.

- Christian pour Paul...

Les deux officiers s'appellent par leur prénom à la radio.

- Oui Paul, je te reçois.

- Je vais aller porter au pirate le texte du Télétype que nous avons transmis à la BBC. Je suis habillé en technicien de piste. Je vais pouvoir m'approcher de lui, et je te dis ce que j'ai observé.

- OK.

Au volant d'une 4L de l'aéroport, Barril rejoint l'appareil. Le pirate est d'accord. Il l'a dit par radio. Prudent, il utilise une hôtesse à la fois comme intermédiaire, comme bouclier et comme traductrice. Par la porte ouverte à l'avant gauche, Barril tend le texte du Télétype, mais sans voir le pirate.

- Monsieur, dit l'hôtesse, ''il'' exige que toute la presse britannique soit au courant de sa demande au pape, sinon il mettra le feu à l'avion.

- Rassurez-le, répond Barril, c'est exactement ce que nous faisons.

- Il veut que vous partiez tout de suite.

Barril n'insiste pas. Il ne veut pas mettre en danger la vie des passagers et des membres d'équipage. Il a simplement noté beaucoup de sang-froid chez cette hôtesse de l'air aux prises avec le pirate depuis plus de dix heures... Mais aussi un regard inquiet.

- Christian pour Paul...

- Vas-y, Paul.

- Je n'ai rien pu voir d'intéressant. Il est très méfiant.

22 h 15, la nuit est maintenant complètement tombée. Une ultime fois Prouteau et le lieutenant Lepouzé s'approchent de l'avion pour vérifier que rien n'a changé. Non, le pirate est toujours au même endroit.

À voix basse, Prouteau lance à son lieutenant :

- Va chercher le personnel !

Lepouzé répond d'un pouce levé. Là-bas, à trois cents mètres, personne ne bouge. Et bien malin serait celui qui pourrait observer les quinze gendarmes assis sur l'herbe. Ils attendent de partir à l'assaut. Chacun dans sa tête répète les gestes qu'il aura à faire. Le capitaine Prouteau leur a bien expliqué que tout devra être fait dans le plus grand silence. Aussi bien pour l'équipe qui va pénétrer dans l'avion par les ailes que pour celle chargée de neutraliser le pirate à mains nues par la porte avant gauche. Le commandant du GIGN a été formel : il ne donnera le signal de l'assaut que lorsque le pirate sera dos aux passagers. Pour cela, il utilisera le technicien de la tour de contrôle : ce dernier appellera les pilotes quand Prouteau le lui demandera par la radio portable laissée à ses côtés. Le pirate devrait alors tourner la tête vers l'avant de l'appareil. Caché à dix mètres sous l'aile gauche, Prouteau pourra alors donner l'ordre d'assaut avec certitude.

Précédées par le lieutenant Lepouzé, cinq équipes de deux ou trois gendarmes arrivent silencieusement derrière l'appareil. Par gestes, chaque responsable dirige son ou ses équipiers. Le chef L. se tient sous l'aile gauche, côté carlingue, tandis qu'à l'autre bout de cette même aile le capitaine Prouteau, jumelle à amplification de brillance devant les yeux, observe la cabine de pilotage en permanence. Le gendarme L. fait la courte échelle au chef M. puis au gendarme D. Les deux gendarmes sur l'aile tirent ensuite leur camarade en souplesse. Comme à l'entraînement. Dans la nuit noire, aucun passager ne les a vus. Les gendarmes sont pourtant de l'autre côté du hublot, à deux mètres d'eux !

Sur l'aile droite, le chef L. et les gendarmes A. et C. sont également montés sans difficultés.

Le chef M. s'approche à toucher un hublot. Il voit le visage d'une Anglaise se tourner vers lui. Le gendarme met aussitôt son index sur sa bouche. L'Anglaise a compris. Elle hoche la tête. Le chef M. lève le pouce pour lui dire tout est OK. Puis il commence à ouvrir la porte de secours. Elle est discrètement déposée sur l'aile. En face, l'autre porte de secours a également été déposée. Par-dessus les genoux des passagers complices de leur action, le chef

M. voit la tête de son camarade prêt lui aussi à bondir. Aux portes avant gauche et droite, comme sur la porte arrière gauche, d'autres hommes équipés d'échelles légères se tiennent également prêts.

Par radio, chaque chef de commando rend compte à Prouteau à voix basse :
- Équipe 1 prête !
C'est l'équipe porte avant gauche.
- Équipe 2 prête !
C'est l'équipe porte avant droite.
- Équipe 3 prête !
C'est l'équipe aile gauche.
- Équipe 4 prête !
C'est l'équipe aile droite.
- Équipe 5 prête !
C'est l'équipe porte arrière gauche.

Il faut maintenant que le capitaine Barril, comme convenu, fasse diversion. En portant au pirate un nouveau télex adressé aux journalistes britanniques.
- Vas-y, Paul, démarre...
- OK, répond Barril.

Le capitaine Barril tourne la clé de contact de sa 4L. Le démarreur toussote mais le moteur refuse de tourner. Nouvel essai, nouvel échec.
- Paul, qu'est-ce qui se passe ? demande Prouteau.
- Je suis en panne ! La voiture refuse de démarrer !
- Bon, on s'en passera... La tour, vous me recevez ?
- Affirmatif ! répond le contrôleur sur le talkie-walkie.
- Allez-y pour la manœuvre de diversion !

- Bien reçu !

Dans ses jumelles spéciales, Prouteau - qui est toujours sous l'aile avant gauche - voit soudain le pirate tourner la tête vers l'avant de l'appareil, attiré par l'appel du contrôleur.

- Go ! ordonne Prouteau par radio.

Les trois portes de l'avion sont ouvertes de l'extérieur en une seconde.

Sur les ailes les deux équipes entrées dans l'appareil par les issues de secours foncent vers l'avant. Le chef M. est en tête dans le couloir central. Mais soudain une hôtesse lui barre le passage :

- Arrêtez ! Que faites-vous ? Retournez à vos places !

Et l'hôtesse s'accroche au gendarme, croyant qu'il s'agit d'un passager qui veut jouer au héros. Elle n'a rien vu, rien entendu de la pénétration très discrète des hommes du GIGN. Incroyable situation ! Le gendarme D. doit neutraliser l'hôtesse de l'air avec le maximum de douceur, mais aussi... de fermeté. Il plaque l'hôtesse au sol. Elle se défend vigoureusement. Les autres gendarmes foncent en marchant sur leur camarade et sur l'hôtesse. Car tout se joue à quelques mètres d'eux dans le cockpit. Il faut au plus vite aller prêter main-forte à la première équipe qui vient de pénétrer par la porte avant gauche.

La première équipe, celle du chef F., n'a eu que trois mètres à faire pour être dans le cockpit. Le chef F. a sauté sur le pirate, qui est maîtrisé au sol. Le gendarme P. a déjà fouillé sa veste écossaise à carreaux rouges pour lui retirer ses armes et ses explosifs éventuels.

Prouteau a donné son « go » il y a maintenant dix secondes... Tout danger est écarté, et les passagers n'ont toujours pas réalisé ce qui se passe.

Christian Prouteau voit descendre le chef F. avec deux Thermos à la main... L'essence du pirate. Prouteau monte dans le cockpit par l'échelle. Le pirate est maintenant debout. Il a été relevé par les gendarmes qui l'évacuent sans violence. L'hôtesse calme les passagers qui commencent à réagir.

- Ne bougez pas ! Restez à vos places ! Tout est terminé, la police a maîtrisé le pirate !

On ne peut pas demander à une hôtesse britannique de faire la différence entre un policier et un gendarme...

Ambulances et voitures de pompiers arrivent maintenant de tous côtés autour de l'appareil. Des dizaines de gyrophares dardent leurs éclats bleutés dans la nuit. Les passagers sont évacués par les toboggans de secours, gonflés par les membres d'équipage. Le pirate, les yeux hagards, n'en revient pas. Il semble très déçu. Moins de s'être fait arrêter que de n'avoir pas réussi à faire livrer par le pape le troisième secret de Fatima !

Dans l'aéroport, le retour du GIGN est triomphal. Les gendarmes sont applaudis par les passagers, les employés de l'aéroport et... les journalistes !

C'est alors que le capitaine Prouteau reçoit du président Giscard d'Estaing l'ordre de répondre aux demandes d'interviews des chaînes de télévision. À la veille du premier tour des présidentielles, l'action des gendarmes du GIGN est valorisante pour le président sortant. VGE ne sait pas encore qu'il va perdre. Et le capitaine Prouteau ne se doute pas que son passage sur les différentes télés va déclencher dans la tête d'un passionné d'armes un défi extraordinaire au GIGN...

4

L'HOMME QUI DÉFIA LE GIGN

Tout auréolé de son succès au Touquet, le GIGN ne se doutait pas que l'élection présidentielle allait lui valoir l'une de ses plus étonnantes interventions. Et je ne me doutais pas que j'allais indirectement participer à cette histoire par l'intermédiaire de mon premier livre sur le GIGN !

Juste avant le premier tour des élections présidentielles de 1981, le président Giscard d'Estaing autorise donc le capitaine Prouteau à répondre aux questions des journalistes de la télévision. Parmi les dizaines de millions de téléspectateurs, un homme prend alors une décision : il va montrer qu'il est plus fort que les gendarmes du GIGN... Mais Prouteau ne le sait pas encore.

À l'heure du déjeuner, ce 20 avril 1982, Prouteau allume la radio dans sa cuisine.

- ... Le forcené de Chelles tient toujours. Il a déjà tiré plusieurs dizaines de coups de feu sur les policiers qui cernent le bâtiment de type HLM. Un pompier a été sérieusement blessé aux jambes. Les forces de l'ordre s'efforcent de résoudre la situation qui paralyse tout un quartier depuis maintenant trois heures...

Le journaliste de RTL a parfaitement résumé la situation. Christian Prouteau a immédiatement l'intuition qu'il va devoir intervenir. Il décroche son téléphone :

- Allô ? Ici Prouteau. Mettez-moi deux équipes en préalerte... Il est possible qu'on nous demande de partir sur le forcené de Chelles...

- Bien reçu, mon commandant...

L'intuition de Prouteau se confirme à 17 heures. Devant cette situation inextricable, le préfet décide d'appeler le GIGN. À 18 heures, les gendarmes sont sur place. Tout de suite le préfet détaille la situation à Christian Prouteau :

- Nous sommes là depuis la fin de la matinée. Nous avons tout essayé. Les pompiers ont tenté de raisonner le forcené : résultat, il a tiré sur eux à travers sa porte. L'un des pompiers a été sérieusement blessé aux jambes. Évidemment, repli général. Nous avons fait venir la brigade des gaz, mais ils n'ont même pas pu s'approcher de la porte car il tire sur tout ce qui bouge. On dirait qu'il a un sixième sens. Il voit tout, il entend tout ! C'est incroyable...

- Il a beaucoup tiré ? interroge Prouteau.

- Oui, il fait la guerre à lui tout seul ! Des centaines de coups de feu !

- Plus de six cents, monsieur le préfet, précise le commissaire de police chargé du dispositif.

- Avez-vous pu établir un contact avec lui ?

- Non, il ne répond ni à nos appels ni au téléphone. Nous savons simplement que sa femme est

partie en vacances il y a quinze jours. Lui est au chô-
mage. Il a perdu son travail de chauffeur il y a trois
mois. Mais on ne sait pas pourquoi il tire sur tout le
monde. En revanche nous savons qu'il tire bien. Il
fait partie d'un club de tir. C'est un passionné
d'armes. Il a au moins une dizaine de fusils...

- Bon, je vais reconnaître les lieux, dit Prouteau.
- Soyez tout de même prudent, suggère le préfet.

Juste comme il débouche sur la petite place,
Prouteau est collé au mur par une violente détonation. Mais non, ce n'est pas sur lui que le forcené a
tiré. L'écho de la déflagration se répercute de façade
en façade. L'homme est au sommet d'une tour de dix
étages. La plus haute. Alentour, d'autres bâtiments
de cinq étages, et une zone pavillonnaire avec des
petits jardins... Une banlieue parisienne classique.

Partout des gendarmes, des policiers, des ambu-
lanciers, des pompiers. Et toutes les trente secondes,
un coup de feu. Au pied de l'immeuble que Prouteau
rejoint par un angle mort, des centaines de douilles
jonchent le sol. D'un coup d'œil, Prouteau identifie
les calibres : 44 magnum, 300 Winchester magnum,
22 LR, 22 magnum, 308, calibre 12 magnum, 30-30.
Impressionnant. Le commandant du GIGN réalise
qu'il est face au forcené le mieux armé de sa carrière.

Un nouveau coup de feu part dix étages plus
haut. Une douille tombe à ses pieds : c'est du 308, une
arme d'une très grande puissance.

L'appartement du forcené donne sur deux côtés
de l'immeuble. C'est un premier avantage. Les

gendarmes pourront ainsi s'approcher « par-derrière » sans être vus. Face à l'appartement, la zone des petites villas entourées de jardins amoureusement entretenus. Tous les pavillons ont été évacués dès la première heure de la fusillade. Un miracle qu'il n'y ait pas eu de nouvelles victimes, pense Prouteau.

C'est dans l'une de ces maisons qu'il va installer ses points d'appui. Deux tireurs d'élite, avec des fusils à lunette FRF1. De jour comme de nuit, ces tireurs du GIGN sont capables de loger une balle dans l'épaule d'un forcené à trois cents mètres !

Avec mille précautions, parce qu'ils sont en vue directe du tireur, le commandant et son lieutenant se faufilent de jardin en jardin jusqu'à la maison choisie. Ils arrivent par-derrière. Une maison blanche aux volets verts. Un de ces pavillons de banlieue où les vies s'égrènent tranquillement.

Prouteau frappe à la porte. Elle s'entrebâille sur un homme corpulent qui a cette phrase historique :

- Faut pas rester là, c'est dangereux !

- Nous sommes le GIGN ! répond Prouteau au propriétaire.

À ses yeux interrogateurs, l'officier comprend que la réputation de l'unité d'élite de la Gendarmerie n'a pas encore franchi le seuil de cette maison...

- Nous sommes les tireurs d'élite de la Gendarmerie, reprend Prouteau.

Le visage de l'homme s'éclaire :

- Mais donnez-vous la peine d'entrer, mon commandant !

« Tiens, il reconnaît quand même les grades », remarque Prouteau.

Là-dessus, une nouvelle tête apparaît. C'est Germaine, l'épouse du propriétaire.

- Bonjour messieurs... Vous pensez que ça va durer longtemps ? Car j'ai mes courses à faire et je suis bloquée depuis ce matin ! On nous dit de pas sortir. Mais il a pas l'air très dangereux, à ce qu'on dit à la radio. Il tire pas sur les gens...

- Il a gravement blessé un pompier, rappelle Prouteau.

- Oui, mais ça c'était ce matin, au début de sa colère. Maintenant on dirait qu'il s'amuse, continue la brave femme.

- Écoutez, peut-être avez-vous raison. Mais pour l'instant je vous demande de rester à l'abri. Nous sommes ici pour l'observer. Pouvons-nous accéder à votre premier étage ?

- Germaine, montre-leur le chemin, dit l'homme qui ajoute : faut m'excuser, mon commandant, mais j'ai eu un accident et je monte difficilement les escaliers...

Germaine précède les deux gendarmes. Puis s'efface en montrant une porte :

- C'est une pièce qui ne sert pas. Les volets sont fermés. Je vais vous allumer...

- Surtout pas, madame... Merci, laissez-nous faire. Vous pouvez redescendre. Et restez à l'abri.

La pièce sent le renfermé. Prouteau ouvre la fenêtre. Les volets en bois empêchent toute observation.

L. s'approche de la fermeture, la déverrouille et commence à ouvrir les deux battants. Ils sont à plus de cent mètres de la tour, et il est peu probable que le tireur fou les observe. D'autant que - très régulièrement - il continue à tirer sur la ligne à haute tension, donc dans une autre direction. Mais juste au moment où L. se penche à l'extérieur pour rabattre le deuxième volet, un éclat de crépi explose à dix centimètres de sa tête.

L. fait un bond en arrière tandis que Prouteau se met à l'abri d'un mur.

- Putain, il tire bien, le gusse ! J'ai failli en prendre une dans la tête !

L. époussette ses cheveux...

Prouteau observe prudemment à la jumelle. Là-haut, en plein jour, au dixième étage du dernier immeuble de la tour HLM, il voit d'abord le balcon. Un balcon en ciment plein qui empêche toute visibilité sur un mètre cinquante. Au-dessus du balcon, de temps à autre, très fugitivement, apparaît la tête du forcené. Il a constitué une sorte de barricade derrière le mur du balcon. Des sacs de sable et des matelas. Avec des meurtrières qui permettent de passer les canons de ses fusils.

- Ça va pas être simple, mon commandant. Il est hyper bien protégé, le gusse, dit le lieutenant en commentant ce qu'il voit dans la lunette de tir de son fusil.

- Continuez d'observer et rendez-moi compte par radio...

Le rythme des coups de feu est tel que, lorsque le forcené ne tire pas pendant deux minutes, le commandant Prouteau se pose des questions. De retour au PC - une salle réquisitionnée dans un bâtiment faisant angle mort avec la tour infernale -, le patron du GIGN interroge les policiers qui sont là depuis le matin.

- Un seul blessé et des centaines de coups de feu...
Mais sur quoi il tire ?

- Il a commencé par le dépôt des bus ! répond
le commissaire chargé du dispositif de sécurité.

L'homme a la cinquantaine élégante. Il
mâchouille nerveusement une cigarette. Dans sa main,
un énorme talkie-walkie qui grésille de temps à autre.
Dans la pièce jaunâtre, qui sert habituellement de salle
de réunion aux locataires, tout le monde s'est rap-
proché des deux hommes. Le préfet, le procureur,
quelques gradés de la police, un médecin...

- Il a tiré dans les vitres des cars... poursuit le
commissaire. Toutes les vitres ont explosé une à une.
Sur trente-deux cars, pas une vitre intacte ! Et il y a
quatorze vitres par car ! Ensuite il a crevé les pneus,
un par un, sans jamais rater un coup !

- Il y a autre chose, mon commandant...
Cette fois, c'est le préfet qui parle.

- Nous sommes inquiets : il essaye de sectionner
une ligne à haute tension. Elle est située à une centaine de mètres de son balcon. À chaque coup de feu,
il la touche. Et un bout du câble est déjà entamé.
J'ai demandé à EDF de couper immédiatement le
courant. Ça a posé un problème, car ce câble ali-
mente un secteur prioritaire : nous avons un hôpital
dans le coin. Mais les ingénieurs d'EDF ont été formidables. Ils ont réussi à établir une dérivation en
dix minutes...

- Ça va pas être simple de l'arrêter, commente
Prouteau.

- Vous n'avez qu'à employer les gaz, répond le
préfet.

111

Un instant plus tard, sur le câble visé par le forcené, Prouteau observe en effet, à la jumelle, des bouts de fil de cuivre ébouriffés en champignon. C'est la gaine qui entoure l'âme du câble. Elle a été complètement sectionnée, balle par balle.

- Je vois la situation... dit simplement Prouteau. Maintenant, on va quand même essayer de lui parler.

Autour de l'officier de gendarmerie, un silence poli lui répond.

- L., vous allez monter sur le toit; essayez de prendre contact avec lui. Voyez ce qu'il a dans la tête.

Le chef L. est un homme particulièrement sûr. Il a déjà effectué plusieurs missions dangereuses. Et comme tous les hommes du GIGN, il s'est entraîné à ce genre de dialogues.

En trois minutes, le chef L. est sur le toit. Il a utilisé une petite échelle qui sert à la maintenance des ascenseurs. Il est passé par une trappe. Le voici juste au-dessus de l'appartement du forcené, dont il entend les tirs à quelques mètres. La première chose qui le frappe est que l'homme tire de temps en temps sur le bord du toit en ciment. Un toit recouvert de gravillons. Pas facile d'être discret quand on y marche. La bordure a explosé sous la puissance des armes de gros calibre. Des morceaux de ciment ne tiennent que par la ferraille du béton armé... Impressionnant. Le forcené, François, se doute donc que des hommes peuvent arriver par le toit. Ses tirs sont préventifs. Autant d'avertissements aux forces de l'ordre...

- François, tu m'entends? crie L.

Un coup de feu vise le gendarme. Après une dizaine de tirs, L. rend compte à Prouteau:

- Rien à faire, mon commandant. Il tire sans me répondre.

- Bon, restez en observation. Je viens avec son meilleur ami qui va essayer de le raisonner.

Julien S. a une quarantaine d'années. Il connaît bien François, puisqu'ils partagent tous les deux le même amour des armes. Ils font partie du même club de tir. Et ils se retrouvent souvent ensemble - y compris pour recharger des cartouches.

Aidé par plusieurs gendarmes, Julien S. est hissé sur le toit. On l'approche de la bordure éclatée en maintenant une distance de sécurité.

- François, c'est Julien qui te parle... !

Mais Julien n'a pas le temps d'en dire plus : une détonation lui répond.

- Fais pas le con, François !

À quelques mètres en dessous de lui, son meilleur ami est dans un autre monde où le dialogue n'a plus cours. Avec précaution, Julien S. redescend par la petite trappe et par l'échelle.

- On va essayer avec sa mère, décide Prouteau.

La maman du forcené est arrivée. Elle a les yeux en pleurs.

- Faut pas le tuer ! Il est pas méchant ! Je le connais bien ! Laissez-moi lui parler ! Il ne me tirera pas dessus ! Vous verrez !

La maman, vêtue d'une grande robe noire un peu chiffonnée, porte une ceinture bleue. Elle tient nerveusement un grand sac gris dans lequel elle plonge régulièrement la main à la recherche de son mouchoir. Un grand mouchoir en tissu, comme en avaient les paysannes juste après guerre.

Par l'ascenseur, un gendarme du GIGN l'accompagne, un étage en dessous de l'appartement de son fils. Puis, à l'abri d'un angle de l'escalier et devant la mère pour la protéger d'un ricochet éventuel, l'homme interpelle le forcené :

- François, ne tire pas, ta maman veut te parler !

Un coup de feu tiré à travers la porte lui répond.

- François ! crie la maman d'une voix apeurée par la détonation. François ! Tu ne vas pas tirer sur ta mère !

Une deuxième détonation lui répond.

- Allez, dit le gendarme, il ne faut pas rester là, madame. C'est dangereux !

Hébétée, la brave femme ânonne dans l'ascenseur qui la redescend, le visage baissé vers ses chaussures :

- Il est devenu fou... Il est devenu fou...

Face au préfet, Prouteau fait le bilan des tentatives de dialogue :

- Il est inaccessible au raisonnement, monsieur le préfet. C'est curieux, poursuit Prouteau, je ne ''sens'' pas ce type. J'ai un mauvais pressentiment...

- Ah bon ? s'étonne le préfet.

- Oui, j'ai besoin de comprendre quelque chose qui m'échappe encore. Je ne sais pas quoi mais il y a un truc que je dois découvrir... Je le sens...

À plusieurs reprises Prouteau va monter et redescendre, tourner autour de l'immeuble de point d'observation en point d'observation. Le manège dure depuis près d'une heure. La quinzaine de gendarmes s'interroge.

- Mais qu'est-ce qu'il a, le ''grand'' ?

Le « grand »... Surnom affectueux que les hommes du GIGN donnent à Prouteau. Ils ont presque l'impression d'un flottement chez leur patron. D'habitude, il est plus rapide dans ses décisions d'intervention.

Et soudain, une surprise. De taille. Le chef L., toujours sur le toit, appelle Prouteau par radio :

- Mon commandant, vous me recevez ? C'est L.

- Oui, parlez !

- Il vient de m'appeler !

- De vous appeler ? Mais qu'est-ce qu'il vous a dit ?

- Il m'a demandé si c'est le GIGN. Alors, qu'est-ce que je dois répondre ?

Prouteau est stupéfait. Mais il ne se doute pas encore que les surprises ne font que commencer. Il réfléchit un instant :

- Dites oui !

Mais François, le forcené, continue ses étranges questions. Et sur le toit, le chef L. n'en revient pas. Alors que l'homme a tiré plus de mille cinq cents cartouches en vingt heures, refusant tout dialogue, voici qu'au soir tombant il parle, et il va parler comme un intime du GIGN !

- Est-ce que Prouteau est là ?

Le chef L. est stupéfait. Il croit avoir mal entendu !

- Pardon ? Qu'est-ce que tu as dit ?

- Prouteau est là ? redemande François, toujours caché sur son balcon, à trois mètres de là, en dessous de lui.

L. saisit à nouveau son petit poste émetteur Motorola :

- Mon commandant, il demande si vous êtes là !
Prouteau, lui aussi, croit avoir mal compris :
- Comment ça, qu'est-ce qu'il a dit exactement ?
- Il a dit "est-ce que Prouteau est là ?".
Le commandant du GIGN est immensément surpris : c'est la première fois en huit ans qu'un forcené l'appelle par son nom et se renseigne sur son éventuelle présence... Cela le conforte dans l'idée qui le travaille depuis un bon moment : quelque chose ne va pas... mais quoi ?
- Bon, dites-lui que je suis là !
- Oui, Prouteau est là ! répond le chef L. au forcené, en évitant de se pencher vers le balcon en contrebas.
- Dites-lui que je veux lui parler !
- Mon commandant, il veut vous parler !
Dans la salle jaune, toutes les autorités ont l'oreille tendue vers l'émetteur du commandant.
- Ça y est, dit le préfet, c'est l'ouverture ! Il va se rendre ! Allez-y, mon commandant !
Mais en montant par l'ascenseur jusqu'au neuvième étage, Prouteau a toujours le même pressentiment : il y a quelque chose qui cloche... Trente secondes plus tard, Prouteau est sur le toit ; il s'avance en marchant sans retenue sur les gravillons. Et prévient à haute voix :
- Attention, ici le commandant Prouteau, tu as demandé à me voir, j'arrive !
Christian Prouteau se penche maintenant vers le balcon, trois mètres en dessous :
- Vous penchez pas, mon commandant, dit le chef L. Il va vous allumer !

116

Plus bas, caché derrière sa barricade, le forcené lève la tête et interpelle l'officier :

- Tu es là, Prouteau ?

- Oui, c'est moi ! répond le commandant dont la silhouette se détache maintenant sur le ciel.

Pan ! le forcené tire presque à bout portant... Un morceau de la corniche du toit vole en éclats à quelques centimètres de la main sur laquelle Prouteau est en appui !

- T'es taré ? crie Prouteau. Tu demandes à me parler et tu me tires dessus !

- C'est pour te montrer que je suis déterminé !

- Mais tout le monde sais que tu es déterminé !

- Oui, mais je voulais être sûr que toi aussi tu le savais !

- J'ai vu en tout cas que tu tirais bien...

- Et ce n'est pas fini ! Et puis je ne suis pas seulement un grand tireur... j'ai d'autres surprises pour toi !

- Ah bon ? fait Prouteau perplexe. Lesquelles ?

- Tu verras !

L. a dégainé son 357 magnum. On ne sait jamais. Il a peur pour son chef, qui prend trop de risques à son goût.

Sur le toit, au dixième étage, Prouteau essaye de comprendre la psychologie de cet homme qui connaît son nom et son unité.

Puissamment armé d'une dizaine de fusils de tous calibres, excellent tireur... Que peut-il bien se passer dans la tête de François ?

Mais à trois mètres de lui, Prouteau entend le forcené reprendre le dialogue :

- Alors, Prouteau, quand est-ce que tu envoies les gaz ?

Stupéfaction de Prouteau. Le ciel lui tombe sur la tête. Le type connaît l'une des techniques couramment employées par ses hommes. Mais sur le toit de l'immeuble, alors que la nuit commence à tomber, cette phrase a presque quelque chose d'indécent. Deux silhouettes noires sont figées, l'espace d'un instant, au sommet de cette tour HLM :

- T'en fais pas ! répond Prouteau, ça viendra à un moment ou à un autre, si tu n'es pas raisonnable...

- De toute façon on se connaît !

- Ah bon ?

- Oui, oui, on se connaît. Tu te rappelles de moi, non ?

- Non, non, je ne me souviens pas de toi ! réplique Prouteau, qui cherche désespérément un élément dans sa mémoire.

- Je suis venu à Maisons-Alfort.

- Tu sais, il y a beaucoup de monde qui passe à Maisons-Alfort ! Tu étais dans une visite du GIGN ?

- Non, non, je t'ai laissé un message ! Je t'ai écrit !

Prouteau a soudain un flash. Il comprend enfin l'énigme qui l'avait tant intrigué. Quelques jours après l'affaire réussie du détournement d'avion au Touquet, le commandant - qui était encore capitaine - avait reçu la même semaine trois lettres anonymes, laconiques, écrites avec des lettres découpées dans des revues, comme on le voit souvent à la télé : « PROUTEAU, J'AURAI TA PEAU ». À l'époque il n'y avait pas attaché d'importance. Mais la semaine suivante, un inconnu avait maculé le mur de la gendarmerie au pinceau large, et en lettres noires, un « PROU-TEAU » suivi d'une croix et d'une date... La date d'aujourd'hui ! La gendarmerie avait fait une enquête, mais sans autre indice cela n'avait rien donné. Les collègues avaient cherché dans le fichier les éventuels gangsters arrêtés par le GIGN et qui auraient pu être libérés, mais rien !

Ainsi, les lettres anonymes et le graffiti mural... c'était lui !

- J'ai bien lu tes lettres, lance Prouteau.

- T'as aimé ?

- Ça dépend...

- Tu verras, je suis très fort !

« C'est le délire ! » pense Prouteau. Il se penche à l'oreille du chef L.

- Continuez à lui parler, il faut que j'aille prévenir le préfet, car ça risque d'être grave !

Devant le préfet qui l'accueille d'un « alors mon commandant ? », Prouteau est catégorique :

- Eh bien, monsieur le préfet, j'ai l'impression que nous avons affaire à un type qui nous attend ! Il veut une confrontation avec le GIGN...

- C'est impossible !

- J'en suis à peu près sûr. Il m'a envoyé des lettres anonymes il y a un an, il a écrit mon nom sur le mur de la caserne à Satory, et il m'a dit qu'il était plus fort que je ne le croyais. Oui, oui, il nous attend...

- Ce qui veut dire ?

- Qu'il faut que je comprenne ce qu'il est capable de faire, sinon je vais au massacre !

- Mais, commandant, vous avez bien des gaz ? Alors, gazez-le !

- Justement pas ! Il s'y attend. Il me l'a dit ! Il doit avoir un système de protection, ou un masque. Il est hors de question de le gazer ! Ça ne le neutralisera pas. Et ça nous obligera à porter des masques lors de l'assaut. Non, non, il faut trouver une autre solution !

Dans la salle de commandement, une demi-douzaine d'hommes regarde silencieusement s'éloigner le commandant du GIGN.

La situation prend une tournure extraordinaire. Depuis le début de la matinée, le forcené a tiré plus de mille cinq cents cartouches. L'affaire fait grand bruit, au propre comme au figuré. Tous les reporters sont là. La cité a été évacuée. Cela commence à poser des problèmes d'intendance. Plusieurs mères font savoir au préfet qu'elles n'ont plus rien à donner à manger à leurs enfants, car elles sont parties précipitamment.

Derrière les barrières installées à plus de trois cents mètres, la foule s'agglutine. Puis elle s'égaille juste avant 20 heures. Paradoxe : les témoins directs ont voulu voir à la télé ce que l'on racontait sur l'affaire.

Et toujours, une à deux fois par minute, un coup de feu. Mais cette fois, on aperçoit la longue flamme du départ des coups. Il faut comprendre ce que ce type a préparé, pense Prouteau en remontant.

Les gendarmes du GIGN sont répartis en plusieurs groupes, tous reliés par radio. De temps à autre,

Prouteau passe les voir pour les informer. Il est très important qu'ils soient tous au courant. Une équipe est tapie dans un angle de l'escalier, près de la porte percée de plusieurs balles. Il y a du sang sur le palier : celui du pompier blessé aux jambes. Une autre équipe, celle des tireurs d'élite, est toujours dans la villa située à une centaine de mètres de la tour. Dans leurs lunettes de visée, les deux gendarmes aperçoivent le forcené de temps en temps. Juste sa tête. Il est toujours protégé par la balustrade en ciment armé, sans le moindre jour. Et il a renforcé sa barricade d'une sorte de matelas. Juste au-dessus de lui, se découpant sur le ciel bleu qui devient noir, les deux tireurs d'élite observent la silhouette du chef L., et de temps à autre celle du commandant Prouteau. Justement, le voici qui revient sur le toit :

- Alors, interroge Prouteau à voix basse, il a continué à vous parler ?

- Oui, oui, il m'a demandé si j'étais tireur élite. Je lui ai répondu que oui.

Le forcené, tous sens en éveil, interpelle Prouteau :

- Prouteau, tu es revenu ?

- Oui, je suis là.

- Tu as des cigarettes ?

- Désolé, personne ne fume au GIGN.

Un silence, puis François reprend...

- Je suis plus fort que toi !

- On verra...

- Tu es où, là ?

- Presque au-dessus de toi, au-dessus de la bordure qui donne sur ton balcon.

- Bon, alors recule, va te mettre au-dessus de la cuisine...

Prouteau hésite un instant. Et si c'était un piège ? Qu'a-t-il bien pu préparer et imaginer, cet homme qui tient tête au GIGN depuis maintenant quatre heures ? Mais un sixième sens lui dit qu'il ne risque rien.

- Allez, on se bouge, dit-il au chef L.

Les deux hommes font quelques mètres vers l'autre côté du toit.

- Ça y est, tu t'es reculé ? braille le forcené.

- Oui, oui !

- Attention, ça va sauter !

Une énorme explosion, une lueur éblouissante, des milliers de débris éjectés à grande vitesse par les fenêtres du dixième étage tombent de tous côtés.

- Bon Dieu, il a fait sauter la tour ! s'écrie le commissaire.

Tous courent vers le pied de l'immeuble. Les pompiers commencent à dérouler un tuyau :

- Ne bougez pas ! Personne n'est blessé ! Il a fait sauter quelque chose chez lui. Je ne sais pas s'il est blessé ! Tout le monde reste à son poste !

- Putain, il a dû avoir chaud, le ''grand'', dit un gendarme du GIGN planqué dans l'escalier.

Bien que protégée du souffle par deux angles de l'escalier, la petite équipe de trois hommes est encore un peu étourdie par la violence de l'explosion.

Prouteau revoit la scène. L'explosion, le toit qu'il sent « gonfler » sous ses pieds, le gravier qui tressaute, les fenêtres pulvérisées et les rideaux de la cuisine à l'horizontale... Tout cela en un dixième de seconde...

- T'es toujours là, Prouteau ?

Le forcené, qui aurait dû être mis KO - ou tué - par la violence de l'explosion, semble en pleine forme.

- Oui, oui, je suis là.

- T'as vu ? Je t'ai dit que je te surprendrais ! Ici tout est miné !

- Tout est miné ? Mais où ?

- Tu verras bien ! J'ai d'autres surprises pour toi !

- Tu as surtout beaucoup de fusils et de cartouches...

- Oui, mais il y a des fusils qui ne servent plus à rien, car j'ai épuisé les cartouches qui vont avec !

- Eh bien si ces fusils ne te servent plus, jette-les !

- D'accord, répond François.

Du dixième étage, plusieurs carabines sont balancées par-dessus le balcon et vont s'écraser trente mètres plus bas, dans un bruit sec.

Dans leurs lunettes de tir, les deux tireurs d'élite ne comprennent pas ce qui se passe :

- Mon commandant, il jette ses armes !

- Oui, c'est moi qui lui ai demandé de jeter les armes qui ne lui servent plus !

Mais cela n'empêche pas le forcené de continuer à tirer avec ses autres fusils... tout en continuant à discuter avec Prouteau sur le toit !

Situation inextricable.

Prouteau commence à être inquiet. Cet homme connaît bien les méthodes du GIGN. Il a un nombre incroyable d'armes et de cartouches. Il a miné son appartement. Il doit avoir un système de télécommande. Il a dû prévoir d'autres pièges. Il faut trouver une solution.

L'officier croit maintenant comprendre comment il fait pour tirer par plusieurs fenêtres à la fois. Sans doute a-t-il installé des fusils sur pied, avec des ficelles attachées aux détentes... Prouteau a constamment présent à l'esprit le plan de l'appartement en dessous de lui. À partir de la porte palière, un long couloir de sept mètres. Dans le prolongement du couloir, une petite cuisine dont la fenêtre donne sur un côté du bâtiment. À droite du couloir une première chambre, puis une seconde, puis le salon qui donne sur le balcon. Au total, deux fenêtres et une baie coulissante sur ce côté du bâtiment. Il faut donc passer coûte que coûte par la porte. La faire sauter. Ne pas entrer en rappel par les fenêtres, car il a dû prévoir « quelque chose ». Faire diversion pour que les tireurs d'élite puissent lui loger une balle dans l'épaule. Prouteau ne voit pas d'autre solution :

- L., vous allez continuer à discuter avec lui. Maintenez le contact. Gagnez sa confiance...

Pendant que Prouteau redescend vers la salle de commandement improvisée, L. poursuit un dialogue surréaliste. La nuit est maintenant tombée sur la cité. La plupart des pavillons et petites tours environnantes sont éteints. Les occupants restent à l'extérieur, toujours maintenus à bonne distance par les forces de l'ordre, dont beaucoup ont été relevées. Mais pour le GIGN, pas question de relève. Les gendarmes d'élite doivent résoudre un cas hors du commun, qui restera gravé dans leurs mémoires des années après ! L.

reprend le dialogue sur un thème cher au forcené, les armes :

- Dis donc, tu tires pas mal, tu aurais pu être tireur d'élite toi aussi !

- Mais je suis tireur d'élite ! Je suis plus fort que toi ! Tu vois la ligne à haute tension, là bas ?

- Oui, répond le chef L.

La ligne, éclairée par les lueurs de la ville, est parfaitement visible.

- Eh bien regarde les potelets, je vais en faire sauter un !

BOUM ! Une mille sept centième détonation se répercute de façade en façade. Là-bas, à cent vingt mètres, un gros câble électrique, sur un poteau d'EDF, a légèrement frémi... et le potelet en verre vert sombre qui l'isolait a explosé, percuté par la balle !

- Fais-en autant, puisque tu es tireur d'élite ! crie le forcené de son balcon.

Toujours caché à l'abri de sa barricade, L. dégaine son 357 magnum et tire un coup de feu... en l'air !

- Raté ! crie avec joie François.

Le chef L. est quand même inquiet. Le forcené a changé son angle de tir. Et avec les fusils de grande chasse qu'il utilise, il peut tuer d'une balle perdue à... deux kilomètres !

- Mon commandant, il me demande de faire un concours de tir avec lui ! Il a changé son axe de tir !

Jusqu'à présent, l'homme tirait sous des angles où les populations avaient été évacuées. Prouteau se rend compte du danger.

- Monsieur le préfet, il faut absolument barrer la nationale qui est derrière la ligne à haute tension. Il risque de blesser un automobiliste...

- Mais la nationale est à plus de trois cents mètres !

- Oui, mais ses armes portent à deux kilomètres !

Sur le toit les événements se précipitent.

- Tu vois le feu rouge, derrière la ligne à haute tension ?

- Oui, répond le chef L. inquiet, car il comprend immédiatement l'intention du forcené.

- Eh bien regarde !

Quelques secondes plus tard, un coup de feu éteint le rouge du feu tricolore...

- À toi !

Le chef L. n'a évidemment pas dit qu'il n'avait ni fusil à lunette - sur le toit cela ne lui serait d'aucune utilité - ni surtout l'intention de tirer vers des zones où une balle perdue risquerait de blesser quelqu'un ! Une nouvelle fois le chef L. tire un coup de feu en l'air.

- Raté ! jubile le forcené. Tu vois, je suis meilleur que le GIGN !

À deux cents mètres de là, le reporter d'une radio regarde à la jumelle le toit de l'immeuble.

- Vite l'antenne !

Dans le studio, à Paris, tout est mis en œuvre pour suivre le développement des événements en direct.

- ... Nous interrompons notre programme, car X nous appelle de Chelles, dans l'affaire du forcené... "Oui, je puis vous dire que le forcené vend chèrement sa peau ! Une fusillade nourrie oppose depuis un quart d'heure les gendarmes du GIGN, qui sont sur le toit, au forcené qui réplique coup par coup aux tirs des gendarmes !''

Évidemment, le confrère est à cent lieues de se douter qu'il assiste non pas à une fusillade, mais au plus incroyable des concours de tir auxquels le GIGN ait eu à participer.

Près du feu tricolore qui a volé en éclats, une voiture de police a juste le temps de barrer la route au véhicule conduit par un père de famille. À ses côtés, sa fillette de huit ans. Elle porte des nattes et des lunettes.

- Qu'est-ce qui se passe ? demande le conducteur ébahi aux policiers.

- Faites demi-tour, il est interdit de traverser le carrefour. Il y a un fou qui tire sur tout ce qui bouge !

Le père, qui habite à cinq cents mètres de là, n'a entendu parler de rien, alors que radios et télés couvrent l'événement depuis le milieu de la matinée !

Au dernier étage, le forcené désigne de nouvelles cibles au gendarme... Le concours de tir lui plaît d'autant plus qu'il met la « pâtée », comme il le proclame, à ce tireur d'élite qui a manqué jusqu'à présent tous les objectifs assignés !

- Tu vois la lumière là-bas, dans le petit immeuble, au quatrième étage ?

L. perçoit le danger. À quatre cents mètres, en dehors du périmètre de « sécurité », la vie continue. Derrière la fenêtre, il y a probablement une famille qui ne se doute pas que le doigt du destin vient de la désigner pour une épreuve où la mort peut brutalement jaillir...

- Déconne pas, c'est trop facile ! dit L. Non, je te propose la petite cheminée sur le toit du dépôt.

Le forcené hésite un instant puis accepte l'objectif. Ouf ! on est passé très près d'un nouveau drame...

Il y a maintenant une demi-heure que le concours de tir continue. L'homme est passionné. C'est l'affaire de sa vie. Il a mis un an à préparer le défi à Prouteau et à son GIGN. Et il les bat à plate couture ! Lui, le chômeur, le laissé-pour-compte de la société, il a tout prévu ! Il est invincible ! Il est le maître du « jeu » !

Par radio, Prouteau appelle L. Dans son oreille, le chef entend tous les ordres sans que le forcené soit au courant ; l'écouteur branché déconnecte en effet le petit haut-parleur.

- L., vous me recevez ?
- Parlez, mon commandant !
- Vous avez un bon contact avec lui, maintenant ?
- Ah oui ! le concours de tir l'intéresse beaucoup !
- Dites-lui qu'il a fait la preuve de sa force, et demandez-lui de se rendre...

Un instant plus tard, la réponse du forcené à la suggestion du gendarme est claire :

- Je ne me rendrai jamais, je vous ferai tous sauter si vous essayez de pénétrer chez moi !

Prouteau sait que l'homme dit vrai. La terrible explosion qui a soulevé le toit en ciment armé montre que l'homme est déterminé et très dangereux. Mais le long dialogue avec le gendarme du toit et le concours de tir font entrevoir une solution...

- Mon commandant, j'ai toujours un très bon contact avec lui. Je peux lui parler en le voyant. Il prend de plus en plus confiance en lui. Il pose même son fusil de temps en temps pour me parler !

- Pourriez-vous lui sauter dessus, du toit, pour le neutraliser, quand il pose son fusil ?

L. hésite un instant. En bon professionnel il évalue la distance, les risques, le temps de l'action.

- C'est possible, mon commandant ! Je devrais y arriver...

Un instant plus tard, François interpelle à nouveau le gendarme :

- Où es-tu ?

- Toujours là, répond L. qui s'approche à nouveau de la bordure.

- Je veux des cigarettes !

- On t'a dit que nous ne fumions pas... je suis désolé...

L. rend compte à son commandant :

- Il veut des cigarettes...

- Dites-lui que s'il se rend, nous lui en donnerons...

Un instant plus tard, le forcené fait cette étrange réponse :

- Non, je ne me rendrai pas maintenant... pas tout de suite...

- Alors vers quelle heure ?

- Vers minuit.

L. regarde sa montre, il est 22 h 30. Par radio, il rend compte à Prouteau, qui décide de monter une fois de plus sur le toit pour lui parler directement :

- Ici le commandant Prouteau, tu m'entends ?

- Oui, je t'entends !

- Écoute, tu retiens tout le monde, tu t'es bien battu, rends-toi maintenant avec les honneurs.

- Non non, pas maintenant, plus tard.

- Bon, alors vers 23 heures ?

- On verra...

Prouteau constate un début de relâchement psychologique du forcené. Il est vrai qu'il a tiré près de... deux mille cartouches d'une dizaine de calibres différents, qu'il a subi à quelques mètres, sans dommages apparents, une terrible explosion, et qu'en manque de cigarettes il semble mûr pour se rendre...

- Qu'est-ce qui te reste comme fusil ? s'enquiert Prouteau.

- Une 300 Winchester, une 375 HH magnum, une 22 LR magnum, une 280 Remington et trois mille cartouches.

- Ben dis donc, t'es bien équipé, mieux que nous !

Le forcené est flatté, mais reste prudent :

- Ouais, ouais, mais j'ai d'autres surprises pour toi !

Par radio, et à voix basse, Prouteau décide l'assaut :

- Équipe 1, mettez les explosifs sur la porte !

L'équipe du chef R. s'approche de la porte, avec mille précautions, pour coller l'explosif en bande. Le Sésamex et son détonateur sont prêts depuis longtemps dans la cage d'escalier.

Enfin de l'action !

Les trois gendarmes sont depuis plus de cinq heures dans les escaliers qui mènent au dixième étage. Ils ont assisté à la tentative de dialogue avec la mère du forcené. Ils entendent, à quelques mètres d'eux, le départ des coups de feu. Ils ont jeté à plusieurs reprises un coup d'œil sur la porte de l'appartement. Des trous indiquent clairement la détermination de François et la puissance des armes qu'il utilise. Face à la porte, des éclats de ciment, gros comme des assiettes à soupe, marquent la violence des impacts.

- Allez, on y va en silence !

Le chef R. et le gendarme R., matériel à la main, montent quelques marches avec précaution. Ils débouchent sur le palier, après le dernier tournant de l'escalier. Le chef R. s'arrête un instant. Il écoute. À travers la porte percée de sept trous lui parvient la voix atténuée du forcené qui dialogue toujours avec le commandant Prouteau.

L'officier est toujours sur le toit. Mais de temps à autre, le silence s'établit. Entre deux phrases, tous sens en éveil, François, le forcené, « sent » que quelque chose se passe derrière la porte du palier. Il quitte son balcon en une seconde, fonce dans le couloir et tire au jugé à travers la porte... La balle effleure la main du chef R. Il fait un bond en arrière et se colle au mur, tandis qu'un énorme éclat de ciment tombe en poussière sur le mur d'en face. Les deux gendarmes, le cœur battant, écoutent...

À quatre mètres d'eux, ils devinent la présence du forcené. Sans doute a-t-il toujours son fusil de chasse pointé sur la porte ? Un deuxième coup de feu... une détonation violente, répercutée par les murs en ciment... encore un gros trou dans la porte et un éclat de ciment...

Les deux gendarmes, plaqués au mur, ne bougent toujours pas. Dans l'escalier, une tête casquée comme un scaphandrier lourd apparaît à l'angle. C'est le gendarme D. qui vient voir si ses collègues ne sont pas blessés.

Le chef lui fait un signe impératif. L'autre recule et descend quelques marches... Le scaphandrier a disparu... Les deux gendarmes n'entendent que leurs battements de cœur après le bruit assourdissant des deux coups de feu. Un silence menaçant, un silence de mort. Sur le toit, Prouteau a compris :

- Ça va, équipe 2 ?

- Ça va, mon commandant ! mais il nous a allumés !

- Vous avez collé le Sésamex ?

- Pas encore, mais on reprend l'action.

À voix très basse, dans le talkie-walkie, le chef R. - qui a un écouteur dans l'oreille - répond au patron toujours juché sur le toit, juste au-dessus de l'appartement piégé.

Après trois minutes de silence, le forcené revient sur le balcon et reprend le dialogue avec Prouteau. Sur le palier, l'équipe 2 colle l'explosif sur la porte. Le fil est rapidement déroulé jusqu'au palier du neuvième étage. Le cordon est relié au détonateur. Des gestes mille fois répétés. Des gestes précis, sans hâte, qui traduisent le professionnalisme des gendarmes.

- Équipe 2, prête !

Dans ses écouteurs, l'équipe 1, sur le toit aux côtés de Prouteau, a bien entendu. Le commandant saisit son talkie :

- L. va sauter sur l'homme depuis le toit. C'est lui qui donnera le top pour faire sauter la porte.

La manœuvre est simple. Puisque le forcené a accepté de se rendre et qu'il baisse sa garde, le chef

L. va le maîtriser à mains nues. Mais il faut pour cela deux conditions :

    - que le forcené ait posé son fusil, ce qu'il fait maintenant de temps en temps,

    - qu'à ce moment, l'équipe 2, sur un top du chef L., fasse sauter la porte du palier pour opérer une diversion.

Dans la nuit, pouce levé, le chef L. indique qu'il est prêt pour le grand saut. À ses côtés, le gendarme M., 357 à la main, le couvrira depuis le toit. L. s'approche du bord du toit, où quelques morceaux de ciment éclatés par les balles pendent au bout des ferrailles rouillées :

    - Quel est ton fusil préféré ? demande L. au forcené.

    - J'aime bien la 30-30 Winchester !

À trois mètres sous lui, le gendarme en tenue noire du GIGN voit l'homme derrière la barricade de sacs de sable et de matelas. Autour, des centaines de douilles en cuivre de tous calibres renvoient l'éclairage ambiant de la cité comme autant de lucioles.

En marchant sur les douilles, François fait à chaque pas un bruit métallique. Il signale ainsi ses déplacements. Cela l'agace et, à plusieurs reprises, il s'est baissé pour jeter des poignées de douilles par-dessus la balustrade. C'est ce qu'il fait à nouveau. Il a posé son fusil contre les sacs. Il jette une poignée de douilles qui rebondissent trente mètres plus bas sur le trottoir avec un bruit de grelots.

L., sur le bord du toit, lève le pouce...

    - Feu ! dit Prouteau dans son talkie.

133

Le forcené surpris par la violente explosion tourne la tête vers l'intérieur, une poignée de douilles dans sa main entrouverte. Une masse s'abat sur lui et le plaque au sol. François ne fait aucun geste de défense. Là-haut, à trois mètres, le gendarme R. a son revolver braqué sur lui. Mais c'est bien inutile. L'homme ne se débat pas. Il semble soulagé.

- Je veux voir le commandant !

Prouteau, voyant la situation maîtrisée, est redescendu du toit. Il arrive par la porte explosée :

- Attention, mon commandant, il y a peut-être des pièges !

Effectivement, l'officier va découvrir l'ampleur de la préparation anti-GIGN effectuée par le forcené.

Dans le couloir, des herses aux pointes acérées. Sur des planches, François a enfoncé des tiges de fer pointues de cinquante centimètres de long. Des pièges anti-chiens et anti-assaut...

Dans les deux chambres, dont les volets étaient fermés, les deux fenêtres sont barricadées par des grosses cordes. Prouteau se félicite de son intuition. S'il avait envoyé un commando en rappel, les hommes se seraient pris dans ces cordes comme dans une toile d'araignée... Le forcené aurait pu les abattre, depuis son balcon, à moins de cinq mètres.

Sur ce même balcon, derrière la barricade en sacs de sable, matelas et planches, les gendarmes découvrent un masque à gaz Smith & Wesson dernier modèle ! Le forcené avait aussi percé les murs à l'intérieur de son appartement ! À travers les trous soigneu-

134

sement calculés, il pouvait, depuis son balcon, tirer vers toutes les ouvertures, laissant croire aux gendarmes qu'il pouvait être « partout à la fois »...

À proximité de la barricade, sur une table basse en bois, une centaine de boîtes de cartouches de différents calibres. Alignés contre l'un des côtés de la barricade, il y a encore cinq fusils de grande puissance. Sur la table, près des cartouches, deux petits tableaux électriques avec des boutons bricolés. Chacun d'entre eux est relié à une bombe à poudre disposée dans chaque pièce et dans le couloir !

Prouteau s'approche de l'homme. Il est maintenant debout, solidement maintenu par deux gendarmes. Pourtant, il réussit à se mettre au garde-à-vous !

- Mon commandant, c'est un honneur d'avoir été arrêté par vous et par vos hommes !

D'un geste, Prouteau fait signe d'évacuer le forcené qui a d'abord été soigneusement fouillé.

Les spécialistes en explosif commencent alors à fouiller tout l'appartement pour neutraliser les bombes. Et pour vérifier qu'il n'y a pas d'autres pièges...

- Mon commandant, regardez !

Le gendarme R. arrive en brandissant un ouvrage... C'est le mien. Celui que j'ai écrit un an plus tôt, en mai 1981, sur le GIGN. Prouteau ouvre le livre qu'il connaît bien, et pour cause... Nous avons passé des journées entières à la caserne de Maisons-Alfort, où le GIGN se trouvait à l'époque de sa création, en 1974, et où il restera jusqu'en 1981. Dans son petit bureau, le capitaine me racontait, face à un magnétophone, tous les détails des interventions les plus marquantes du GIGN. Des journées inoubliables, avec le va-et-vient incessant des premiers gendarmes de cette unité d'élite.

Prouteau saisit l'ouvrage. Le feuillette. Stupéfaction : à chaque page, des phrases soulignées. Des annotations dans la marge : « attention aux gaz ». Plus loin : « prévoir la neutralisation des chiens ». Tout mon livre a été soigneusement lu et relu.

De chaque intervention l'homme a tiré des leçons pour empêcher le GIGN d'agir.

C'est bien en voyant le capitaine parler à la télé de son intervention réussie sur l'aéroport du Touquet - confirmera-t-il au juge - qu'il a décidé de se mesurer au GIGN pour prouver que le meilleur c'était lui. Il a ensuite acheté mon livre pour avoir le maximum d'informations sur les méthodes du GIGN. Lui, le chômeur, le laissé-pour-compte de la société, allait faire la démonstration de son invulnérabilité.

Lorsque j'avais écrit le premier livre, avec le capitaine, j'avais envisagé cette hypothèse...

- Christian, tu n'as pas peur que les détails que nous donnons se retournent contre le GIGN ?

- Tu sais, c'est comme le secret de fabrication de la bombe atomique : chaque spécialiste en révèle un petit bout et, en dix ans, n'importe quel pays mal intentionné a pu avoir accès au grand secret. Pour le GIGN, c'est pareil. Il suffit à un esprit malveillant de collectionner les articles de presse sur nos interventions. Alors ton livre ne nous gênera guère plus. Et puis le GIGN sait s'adapter à n'importe quelle situation. Même lorsqu'elle est entièrement tournée contre lui... La preuve...

Au dixième étage de la tour, les gendarmes du GIGN continuent de fouiller avec précaution l'appartement piégé. Une à une les bombes à poudre artisanales sont trouvées et neutralisées. De nouvelles armes également. Notamment deux revolvers 357 magnum et plus de trois mille cartouches sont récupérés.

- Mon commandant, regardez ce que j'ai trouvé !

Le gendarme N. brandit fièrement son trophée devant les yeux de Prouteau. C'est un cahier d'écolier à spirale. En couverture, écrit d'une écriture malhabile, au stylo feutre noir, un gros titre : « L'HOMME QUI A RÉSISTÉ AU GIGN ».

Cinquante pages délirantes où il était écrit par le forcené... comment le GIGN se rendrait à lui. Une très belle histoire, dont la fin devait quand même être un peu modifiée par la réalité !

5

LES CHIENS DE LA MORT

Le sang d'Albert se glace d'un seul coup. Là, tout près de la haie qu'il taillait, une énorme détonation vient de lui couper le souffle. Près de sa maison, maintenant, il entend crier :

- Au secours !

Albert laisse tomber son sécateur de saisissement. Une deuxième détonation. Puis très vite tout s'enchaîne. Sa femme qui ouvre la fenêtre de la cuisine :

- Albert, qu'est-ce qui se passe ?

- Ne reste pas à la fenêtre ! hurle Albert.

Impressionnée, Josette recule. Le montant de sa fenêtre explose, la recouvrant de débris de verre.

Albert, quarante-trois ans, employé des Postes, court plié en deux vers son pavillon.

- Josette ? Josette ? Tu es blessée ?

- Mais mon Dieu, qu'est-ce qui se passe ? pleure Josette, qui vient d'avoir la peur de sa vie...

Josette n'est pas blessée, mais la balle est passée à dix centimètres de son visage. Dans la cuisine la cafetière a volé en éclats. Du café coule sur le carrelage rose. Albert entre comme un fou dans la pièce.

- Josette ? T'as rien ?

- Mais qu'est-ce qui se passe, Albert ? Qu'est-ce qui se passe ? répète Josette hébétée...

Josette sanglote doucement tandis qu'une nouvelle détonation les fait sursauter. Puis un hurlement :

- Je suis blessé, au secours... !

Albert tire sa femme par la main à l'abri du couloir. Elle est décomposée. Tout a basculé si brutalement ! Elle venait de terminer le café pour son mari. Elle s'apprêtait à l'appeler dans le jardin. Maintenant elle est assise sur un petit banc qui sert à ranger les chaussures. Effondrée.

- Bouge pas, dit Albert d'un ton décidé. Je vais voir ce qui se passe...

Par une minuscule fenêtre qu'il entrebâille, Albert voit un spectacle qu'il n'est pas près d'oublier. À vingt mètres de lui, là-bas, sur le trottoir d'en face, un employé d'EDF est à genoux dans une mare de sang. Il a fui le camion EDF garé devant Mohammed.

Stupéfait, Albert voit son voisin d'en face, Mohammed, fusil à l'épaule, viser à nouveau celui qu'il vient d'abattre. L'employé d'EDF hurle... Une femme sort d'une boucherie et se précipite pour le tirer à l'abri des balles. Nouvelle détonation. Des étincelles jaillissent à côté de Marc T...

- Vite, supplie-t-il, il va nous tuer !

Un dernier effort et l'employé d'EDF grièvement blessé est enfin à l'abri. La courageuse passante est secouriste. Elle fait tout de suite un point de compression.

- Mais pourquoi il vous tire dessus ?

- On est venu couper son compteur car il ne payait plus ses factures. Ça l'a rendu fou, dit Marc T. dans une grimace.

Dans le camion EDF stationné devant la porte du garage de Mohammed, le chauffeur lui aussi échappe de peu à la mort. Une balle lui traverse la jambe, sectionnant l'artère fémorale. Il hurle, réussit à s'extraire du véhicule et à se traîner, suivi par une rigole de sang, derrière une maison où les pompiers le sauveront de justesse.

Un peu plus loin, dans un jardin, un homme gît apparemment sans vie. Il a une curieuse position. On dirait qu'il s'est assis au pied d'une échelle dressée contre un pommier. Du sang sort en bouillonnant de son crâne explosé.

- Oh putain ! murmure tout bas Albert.

De nouveaux coups de feu claquent dans ce village près d'Épinal. Nous sommes à Deyvillers, le 3 novembre 1982. Il est exactement 14 h 20.

Au standard de la gendarmerie d'Épinal, c'est plutôt l'heure creuse. Dix minutes auparavant, une patrouille est partie sur un accident de circulation. Un motard vient d'être renversé par une fourgonnette au lieu-dit les Renards. D'après le témoin, le motocycliste aurait la jambe cassée.

À 14 h 25, le téléphone sonne à nouveau.

- Gendarmerie d'Épinal, j'écoute...

- Allô, la gendarmerie ? C'est la gendarmerie ?

Le gendarme Dulain comprend immédiatement qu'il doit se passer quelque chose de sérieux. Les appels angoissés, il a l'habitude, mais là...

- Oui monsieur, c'est la gendarmerie ; quel est votre problème ?

Hystérique, au bout du fil, un homme hurle :

- Venez vite ! C'est Mohammed ! Il a tué au moins dix personnes ! Il tire sur tout le monde ! Il est devenu fou ! Venez vite !

Et l'inconnu raccroche sans donner la moindre adresse !

Tout va alors s'enchaîner très vite. Vingt secondes plus tard les appels à l'aide vont se succéder. Tout le village de Deyvillers téléphone à la gendarmerie. Le gendarme Dulain a pu localiser le drame.

- Mon adjudant, j'ai une dizaine d'appels provenant de Deyvillers. Il y a un gusse qui tire sur tout le monde. Il y aurait plusieurs morts, selon les témoins...

- Bon, mettez toute la brigade en alerte et envoyez du personnel dès que possible. Je préviens le Groupe.

Au volant de sa 4L réglementaire, le chef Serge est en patrouille de routine. Avec le gendarme François, il discute de l'éducation des enfants.

- Tu comprends, moi je suis sévère avec la télé. Pas de bonnes notes, pas de télé. D'autant que les programmes sont souvent débiles...

Le chef Serge n'aura pas le temps d'en dire plus à son gendarme. La radio grésille :

- Québec 7213, attention Québec 7213, ici Québec 721 ; me recevez-vous, parlez !

Le chef attrape le combiné d'un geste sûr :

- Québec 721, ici Québec 7213, parlez !

- Québec 7213, on nous signale des coups de feu avec peut-être des victimes à Deyvillers. Allez sur place et rendez compte immédiatement.

- Bien reçu, Québec 721, nous sommes à deux kilomètres, on va pas mettre longtemps...

Soudain absorbés par leur mission, les deux gendarmes sont silencieux l'espace d'un instant. Puis le chef murmure entre ses dents : « Qu'est-ce que c'est que cette histoire ? »

Deux minutes plus tard, la 4L arrive à l'entrée du village. Des groupes d'habitants très excités montrent une direction aux gendarmes : « C'est par là, faites attention, il tire sur tout ce qui bouge... »

C'est à cet instant que le pare-brise de la 4L vole en éclats... Un choc secoue la voiture de la gendarmerie. Dans un réflexe, le gendarme qui tient le volant se baisse et fait faire une embardée à la 4L, qui se trouve brusquement arrêtée à l'abri d'un mur. Un peu plus loin, une dizaine de voisins qui ont vu la scène se mettent à crier : « Planquez-vous ! c'est Mohammed, il va vous descendre ! »

Le chef Serge empoigne le micro :

- Québec 7213 à Québec 721, urgent, urgent !

- Québec 721 à Québec 7213. Parlez !

- Québec 721, nous venons d'être atteints par un ou plusieurs tireurs embusqués. Notre pare-brise a volé en éclats, mais il n'y a pas de blessés !

- Québec 7213, savez-vous de quel type d'arme il s'agit ?

Alors que le chef hésite en cherchant sa réponse, le gendarme conducteur qui s'est retourné attrape la sacoche en cuir des procès-verbaux sur la banquette arrière et la colle sous le nez du chef Serge avec un hochement de tête significatif ; un trou très net de deux centimètres ne laisse aucun doute : c'est du gros calibre. Le chef Serge, chasseur à ses heures, a tout de suite compris :

- Québec 721, de Québec 7213 : c'est de la brenneke (balle à sanglier) ! Prévenez les collègues qui arrivent de ne pas entrer dans le village, il y a danger de mort !

- Québec 7213, de Québec 721, bien reçu ! On vous envoie du renfort ! Restez à couvert et établissez un cordon de protection pour la population !

Le chef Serge bougonne :

- Tu parles, un cordon à deux, ça va être un peu juste... Allez, on y va !

Arme à la main, les deux gendarmes reculent par bonds successifs, d'abri en abri, jusqu'au groupe de villageois protégé par une grosse maison.

- Bon, allez, pas d'imprudence, restez rassemblés derrière ce mur... Qui peut nous donner des renseignements sur ce qui se passe ?

Aussitôt, c'est la cacophonie. Tout le monde veut expliquer aux gendarmes ce qui s'est passé... En moins d'une minute, tout est dit. Le tireur est dans la villa du carrefour. Il s'appelle Mohammed B. C'est un Français d'origine musulmane. Un harki. Un ancien militaire. Il est très renfermé. Il ne parle avec personne au village sauf au doyen : le père Jules, âgé de quatre-vingt-huit ans. Le père Jules a été tué le premier. C'est lui, le pantin désarticulé qui gît au pied de l'échelle dans le jardin. Mohammed l'a tiré de sang-froid à dix mètres.

Tout a commencé lorsque deux employés EDF sont venus demander à Mohammed de régler sa facture sous peine de coupure du courant. Il leur a tiré dessus. La camionnette EDF est restée devant l'entrée du garage de Mohammed. Elle est percée de part en part par plusieurs balles...

Mohammed B. a blessé au moins cinq personnes dont on entend les cris de temps à autre... Mohammed B. est un musulman très croyant et pratiquant. C'est aussi un redoutable tireur.

Dans le petit groupe qui discute avec animation, Paul est préoccupé. Il a besoin de sa voiture pour aller chercher sa mère à Épinal. Elle a subi des examens médicaux et il doit la récupérer à 16 heures. Il est presque 15 heures, et Paul veut franchir le cordon de sécurité établi par les gendarmes.

- Allez, chef, laissez-moi passer, ça risque rien, la villa du tireur est à cent mètres et on ne la voit même pas d'ici. J'ai juste à traverser la rue. Je dois aller chercher ma mère à l'hôpital. Regardez, ma voiture est juste là, à dix mètres...

À force d'insister et d'être convaincant, il va fléchir le gendarme.

- Bon, mais alors allez-y vite, prenez pas de risque, et faites demi-tour immédiatement...

- Merci, chef, vous me rendez un grand service...

Paul, légèrement courbé, s'avance dans la rue au pas de gymnastique vers sa voiture, tandis que la petite foule des voisins le suit des yeux derrière le cordon de gendarmes. Soudain, là-bas, à près de cent mètres, le forcené jaillit de sa maison. Au milieu de la rue il épaule et tire en une seconde... Paul virevolte sur

147

lui-même et s'effondre... Puis, mobilisant ses forces décuplées par l'instinct de survie, il se dresse sur ses jambes et vient se mettre à l'abri en se tenant l'épaule...

L'un des gendarmes l'examine.

- C'est rien, blessure dans le gras de l'épaule ; vous avez eu du pot, mon vieux : parce que la brenneke, ça ne pardonne pas...

En vingt minutes, sept brigades sont sur place et bouclent le secteur. Mohammed continue régulièrement ses tirs de précision sur tout ce qui bouge.

- Chef, vous pensez que le Groupement a demandé l'intervention du GIGN ?

- Ben ce serait pas du luxe...

Un nouveau coup de feu ponctue la conversation.

Dans le camp militaire de Satory, près de Paris, les hommes du GIGN sont provisoirement logés dans une tour administrative. Tous attendent avec impatience la livraison de leur vraie caserne, dont les plans ont été soigneusement tracés par le fondateur du GIGN, l'âme de cette unité d'élite, leur père spirituel : le commandant Prouteau.

Il est 16 h 13, ce mercredi 3 novembre 1982, lorsque le téléphone sonne au standard du GIGN :

- GIGN, chef François, à qui ai-je l'honneur ?

- Colonel Bruce, légion des Vosges, voulez-vous me passer votre officier de permanence ?

- Mes respects, mon colonel, ne quittez pas...

Deux minutes plus tard, le capitaine Masselin, officier adjoint du GIGN, donne ses ordres :

- Mettez le premier groupe en alerte !

Il est 16 h 15. Vingt minutes plus tard, à 16 h 35, trois officiers dont le patron du GIGN, Paul Barril, et dix-sept sous-officiers sont prêts à partir. À 17 h 35 deux gros bimoteurs Nord-262 s'arrachent de la piste de Villacoublay. À 18 h 27 les deux avions se posent sur la base de Mirecourt où des voitures de la légion de gendarmerie les attendent pour les transporter en urgence à Deyvillers, distant de quarante kilomètres.

Le convoi est impressionnant : au total une vingtaine de voitures et d'estafettes, précédées par des motards, foncent dans la nuit tombante, gyrophares allumés. À 19 h 15 le GIGN est sur place, accueilli par le colonel G...

- Capitaine Barril, mes respects, mon colonel... Quelle est la situation ?

Le colonel G. semble soulagé de voir arriver le GIGN. S'il n'a aucun doute sur la compétence de ses gendarmes, il a tout de suite compris qu'il était face à une situation extrêmement grave que seuls des professionnels entraînés peuvent résoudre sans risque pour la vie des gendarmes et de la population.

- La situation est claire, capitaine : nous sommes face à un forcené retranché dans une maison à un étage. Cette maison est bordée par la N420 d'un côté, de l'autre elle donne sur des petits jardins entourés de grillages. Toutes les portes et fenêtres sont fermées. Le forcené s'appelle Mohammed B. C'est un ancien militaire de carrière. Il tire au calibre 12, à la balle brenneke, avec une redoutable précision. Il a déjà tué un voisin et en a blessé cinq autres. Nous avons établi un périmètre de sécurité de trois cents mètres autour du lotissement. On a vu large, car il y a assez de victimes comme ça. Maintenant je vous passe le bébé...

À 19 h 40 le capitaine Barril a établi un plan sommaire des lieux. Puis, s'adressant à ses hommes :

- On va aller voir tout ça de plus près. Soyez très vigilants, car le forcené tire vite et bien. N'oubliez pas que c'est un ancien militaire, sans doute en état de démence...

L'état de démence, ou l'état second : ils savent tous, par expérience, ce que cela veut dire. Ils se souviennent de cet homme difficilement maîtrisé alors qu'il avait quatre solides gaillards du GIGN sur le dos. Ou de cet autre forcené qui faisait sauter lui-même des explosifs qu'il avait dissimulés dans son appartement et qui auraient dû l'assommer, et même le tuer, alors qu'il continuait ses attaques sans dommage apparent... Ou encore de cet autre forcené soudain doté d'un sixième sens et qui tirait sur les hommes du GIGN à travers les portes d'une grange alors qu'il ne pouvait ni les voir ni les entendre... Oui, en état dit « de démence », il se passe de curieuses choses dans une tête d'homme...

Maintenant la nuit est tombée sur la petite bourgade vosgienne. Les riverains sont massés derrière les maisons les plus éloignées du drame. Certains commencent à être évacués vers des villages voisins, chez des amis. Mais la plupart veulent rester sur place

« pour voir ». Or il n'y a rien à voir, car la base arrière est située à plus de trois cents mètres de la villa du forcené. La crainte est là, manifeste. D'autant que deux ou trois fois par heure Mohammed tire sur on ne sait quoi. Mais il tire. Et tout le monde sait maintenant qu'il tire pour tuer.

Par petits bonds derrière les haies de jardin, le capitaine Barril et le capitaine Masselin s'approchent de la villa du drame. Ils prennent bien soin de n'être jamais en vue directe. Mohammed ne les raterait pas.

- Philippe, on va passer par l'arrière de cette maison. Elle est à dix mètres de la villa d'où partent les coups de feu.

Les deux officiers pénètrent dans une petite villa. Très prudemment, toutes pièces éteintes, le capitaine Barril jette un coup d'œil. Sous le lampadaire, la camionnette d'EDF est là. On voit nettement les impacts des balles à sanglier. Derrière la villa, tout est éteint. Elle semble étrangement menaçante dans la nuit silencieuse. Par radio le capitaine Barril donne ses ordres :

- Adjudant W., envoyez-moi une équipe d'appui tir !

Deux minutes plus tard, les gendarmes C. et P. arrivent silencieusement. Ils sont équipés de leurs fusils à lunette de visée spéciale permettant de voir la nuit.

Là-bas, rien n'a bougé. Pour l'instant, les quatre hommes n'ont pas été repérés par le forcené.

- Bon, dit Barril à voix très basse. On va mettre une deuxième équipe d'appui dans la villa à notre droite, de l'autre côté de la rue.

Nouvelles instructions par talkie-walkie. Dans la nuit, deux ombres noires avancent vers l'emplacement désigné.

Soudain une flamme, une détonation, puis très vite un deuxième coup de feu.

Le gendarme P. et son camarade C. se jettent à plat ventre dans un petit jardin fraîchement cultivé. Ils entendent siffler les balles à leurs oreilles. La mort est passée très près.

- T'as rien ? s'inquiète le gendarme P.

- On a eu chaud aux fesses... Il tire bien, le salaud...

Et tout de suite, dans leur écouteur, la voix du capitaine Barril :

- Équipe 2, rendez compte...

À voix très basse, le gendarme P., toujours figé à même la terre, répond :

- Pas de blessé...

- OK, mettez-vous en position...

Il est 19 h 55 ; le GIGN est maintenant sur place depuis quarante minutes.

Sur la base arrière, une deuxième équipe d'appui tir vérifie son matériel avec calme.

Le maréchal des logis-chef L. et le gendarme R. entament leur progression. Il est un peu plus de 20 heures. Par gestes, comme à l'entraînement, les deux hommes sautent de jardin en jardin, profitant du moindre obstacle naturel pour s'effacer dans la nuit. Mais dans le sous-sol de la villa, Mohammed, tous sens éveillés, devine la manœuvre. D'un geste précis, il épaule et tire. Une fois, deux fois... de longues explosions dans la nuit qui plaquent les hommes du GIGN au sol...

- Pas de casse ? s'inquiète Barril par radio.

- Pas de bobo, mon capitaine, vous avez vu le départ des coups ?

- Ouais, il est dans son sous-sol, mais pas contre une fenêtre... Il tire depuis le milieu de son garage...

- Vous l'avez repéré aux infrarouges ?

- Négatif, on voit les flammes, c'est tout, il doit être planqué derrière quelque chose...

Le maréchal des logis-chef L., toujours cloué au sol, relâche son micro et fait un geste.

- Allez, on va pas dormir ici...

Il n'en dira pas plus. Une détonation et le chuintement caractéristique d'une balle de gros calibre passe à dix centimètres de ses oreilles... Puis un deuxième coup de feu. Miracle : pas de blessés, mais les gendarmes du GIGN ont eu chaud. Ils ne se doutent pas que cela n'est rien par rapport à la folle nuit qu'ils vont vivre...

À 20 h 30 une troisième équipe de deux hommes, dirigée par le lieutenant Legorjus, s'avance à son tour. Dans la nuit qui règne derrière les villas, les deux gendarmes qui s'approchent par un autre côté hésitent un instant :

- Vous croyez que c'est cette villa, mon lieutenant ?

- Affirmatif.

153

Mais le doute s'installe. Est-ce bien la villa où se cache le forcené ? Ou bien est-ce la suivante ? Le gendarme F. est persuadé que c'est la suivante. Les deux hommes avancent prudemment, arme au poing. Un coup de feu va les départager. La balle passe entre leurs deux têtes, déchire un drap situé derrière eux, casse une tuile qui tombe sur la tête d'un autre gendarme du GIGN. Le visage en sang - les coupures au cuir chevelu saignent toujours abondamment - comme s'il avait été blessé par balle...

Le capitaine Barril décide d'installer son poste de commandement dans la villa d'où il observe. Il réunit l'ensemble de son personnel dans le sous-sol.

- Bon, nous avons affaire à un homme déterminé et très dangereux. Nous n'avons pu le localiser avec précision malgré nos moyens techniques spécialisés. Nous savons qu'il peut tirer dans les quatre directions, par les fenêtres du rez-de-chaussée qu'il a fermées. Nous avons absolument besoin de le localiser avec précision, pour un tir de neutralisation éventuel. Nous allons donc ouvrir les portes et fenêtres pour pouvoir l'observer avec certitude...

Tout le monde a compris la manœuvre. Mais tout le monde a aussi compris qu'elle est extrêmement dangereuse face à un forcené puissamment armé et déterminé.

Les hommes désignés repartent dans la nuit. Un angle mort a été repéré. Une cuisine avec fenêtre, complètement séparée du tireur embusqué. C'est par là que les gendarmes se dirigent. Silencieusement, ils se plaquent contre le mur, le cœur battant, écoutant intensément le moindre bruit. Le revolver 357 magnum au poing, prêts à tirer, ils rampent maintenant vers leurs objectifs respectifs : les quatre fenêtres et la porte du garage devant laquelle stationne la camionnette d'EDF. Doucement, tout doucement, le gendarme F. pousse la fenêtre côté garage. Immédiatement un coup de feu passe à quelques centimètres de sa main, qu'il retire vivement. À chaque ouverture, c'est le même scénario. Le forcené tire dans les quatre directions. Le gendarme L. a sa manche traversée à un centimètre du poignet...

« C'est *Mission impossible* », pense-t-il en se collant au mur.

Le chef W. fait un geste : il faut passer maintenant par la fenêtre de la cuisine. C'est la seule issue qui ne soit pas en vue directe du garage dans lequel Mohammed est aux aguets. Les gendarmes P. et L., équipés comme des martiens, avec casque et gilet pare-balles, poussent la fenêtre après l'avoir déverrouillée... Soudain, une détonation... À deux mètres, Mohammed qui s'est déplacé, sans doute alerté par un léger bruit, fait feu. Miracle, la brenneke passe entre les deux têtes...

- Mohammed, tu m'entends ? Je suis un soldat comme toi et je comprends ta colère...

Le gendarme L. a haussé le ton. Il sait que Mohammed l'entend... Il est à cinq ou six mètres, caché quelque part dans son sous-sol obscur. La preuve : le gendarme L. entend un bruit de culasse manœuvrée par Mohammed... Néanmoins il poursuit :

- Mohammed, ce que tu as fait n'est pas grave...
tu n'as tué personne, il n'y a que des blessés légers...
Le juge est d'accord pour te donner le minimum...
Mais il faut que tu montres que tu es responsable :
rends-toi dans l'honneur...

Dans le silence qui retombe, les gendarmes du
GIGN collés à la villa entendent un nouveau maniement de culasse... C'est la seule réponse qu'ils obtien-
dront de Mohammed. Son message est clair : quoi que
vous disiez, c'est mon fusil qui vous répondra... Dialogue de sourds devenu inutile malgré les capacités
de persuasion du gendarme L., formé à la psychologie des forcenés comme chacun de ses camarades.

L'équipe décide alors d'utiliser les explosifs spéciaux pour faire sauter la porte du garage.

Il est maintenant 22 h 30. Le capitaine Barril est
face à l'un des cas les plus difficiles de sa carrière.
Les méthodes habituelles sont en échec. Et il ne peut
continuer à risquer la vie de ses gendarmes.

- Bon, on va le faire sortir, ce lascar. Allez, on
prépare les gaz !

Parmi les moyens permettant de neutraliser un
forcené, le GIGN dispose de gaz spéciaux. Il s'agit
d'une poudre extrêmement fine, propulsée par de l'air
comprimé. L'effet de cette poudre est immédiat : toutes les muqueuses sont très fortement irritées, provo-
quant le KO technique de celui qui les reçoit. Les
gendarmes du GIGN connaissent bien la puissance
neutralisante de ce gaz. Leur entraînement prévoit des
séances où ils sont - sans aucune protection - asper-
gés par le produit. Ils doivent souvent attendre plusieurs heures pour retrouver un état normal.

Le capitaine Barril va lui-même mener l'assaut. Il s'équipe d'une double bouteille semblable à celle d'un plongeur. D'ailleurs Barril et le maréchal des logis-chef ressemblent vraiment à des plongeurs. Ils sont maintenant équipés du masque respiratoire qui leur permettra de ne pas être incommodés. Reliés par un minuscule émetteur radio, ils commencent leur progression dans la nuit depuis leur villa PC. Leur axe de progression est le seul qui ne soit pas en vue directe du forcené : la fenêtre de la cuisine, à l'angle nord. Mais ils savent que Mohammed est capable, d'un bond, de quitter ses cachettes du garage pour venir tirer dans la cuisine, avant de se replier en une seconde. L'équipement lourd permettant de lancer les gaz n'est guère propice à des manœuvres rapides. Et ce sont deux silhouettes un peu pataudes qui s'approchent de la maison qui se détache, silencieuse et menaçante, dans la lueur du réverbère de la rue.

Le gendarme qui accompagne Barril fait un signe... La voie semble libre. Le forcené ne se doute de rien. Barril est maintenant plaqué contre le mur de la maison. 357 magnum à la main, le gendarme L. est prêt à répliquer si le tueur venait à menacer leurs vies. De l'autre côté de la rue, trois tireurs d'élite sont en position de tir. Équipés du fameux fusil FRF1 à lunette de visée spéciale permettant de voir la nuit, tous sont tendus. Les trois tireurs d'élite ont maintenant l'œil rivé à leur lunette depuis quatre heures. Ils savent que la vie de leurs camarades dépend de leur vigilance. Par radio, ils se sont réparti les missions.

Chacun a pris en ligne de mire l'une des ouvertures du rez-de-chaussée. Mais s'ils ont vu le départ des coups de feu - une courte flamme -, aucun n'a pu encore observer le tireur.

Le capitaine Barril se tient près de la fenêtre. Elle a été ouverte par ses hommes. Il arme son lance-gaz d'un geste sec, dirige le canon propulseur par l'ouverture et appuie sur la détente. Un grondement sourd... Un immense nuage de poudre est propulsé en dix secondes dans tout le rez-de-chaussée. Deux kilos de gaz CB projetés avec une force inouïe ! La cartouche de gaz propulseur est remplie à quatre-vingts bars ! L'effet est immédiat... pour les gendarmes ! Malgré leur masque de protection, la poudre irritante s'infiltre partout. Leurs yeux pleurent... La bouche leur brûle... Et Mohammed se met à tirer à travers le nuage de gaz. Un coup... Et très vite un deuxième coup de feu... Dans leurs lunettes de visée, les trois tireurs d'élite n'ont rien vu à travers le nuage blanc... Tous s'imaginent que le forcené, en proie à une violente quinte de toux, les yeux gonflés et brûlants, la gorge en feu, va tomber dans les pommes en hurlant...

Par petits bonds en zigzag, le capitaine Barril et son gendarme sont revenus dix mètres en arrière, à l'abri de la maison où le PC du GIGN est installé dans la cave. Deux hommes observent en permanence, depuis une pièce du premier étage plongée dans l'obscurité. Mais rien ne bouge. Aucune réaction de Mohammed.

- Il est peut-être KO, mon capitaine ?

- On va voir ça... Allez faire bouger quelque chose devant une fenêtre...

Quelques instants plus tard, le gendarme S. agite un bout de tissu accroché à un bâton. La riposte est immédiate : le tissu est transpercé par la balle !

Le forcené est en parfait état de veille. Il voit bien alors que ses yeux devraient être gonflés et fermés, il ne tousse pas et entend parfaitement ! Tout cela alors qu'à cent mètres de là le premier cordon de sécurité des gendarmes territoriaux tousse, crache et pleure, car, portée par un léger vent, un peu de poudre CB très diluée est parvenue jusqu'à eux !

Minuit vingt. Barril, le capitaine Masselin et le lieutenant Legorjus se retrouvent avec leurs hommes dans la salle du sous-sol.

- Mon capitaine, voulez-vous du café ?

Le propriétaire de la maison est aux petits soins pour les soldats du GIGN. Depuis 22 heures, il passe parmi les hommes, la cafetière à la main. Les officiers font une pause. Le café chaud coule dans les gosiers. Un silence. Puis le briefing :

- Ton sentiment ? demande Barril à Masselin.

- C'est un coriace. Les gaz ne l'ont pas neutralisé, et ça c'est incompréhensible.

- Tu penses qu'il peut avoir un masque à gaz ?

- C'est un ancien militaire, très aguerri. Tout est possible.

- Donner l'assaut est impensable. On ne l'a toujours pas localisé. Et on a vu qu'il tirait toujours vite et bien. On ne peut pas mettre en danger la vie de nos personnels.

- Il faut qu'il bouge absolument. Il faut le forcer à bouger. C'est la seule façon d'avoir une chance de le neutraliser.

159

- Bon, dit le capitaine Barril. On va envoyer les chiens.

Dans l'équipe du GIGN, il y a deux maîtres chiens. Arno et Rolympe sont deux superbes bergers allemands qui adorent leur maître. Ils sont remarquablement entraînés et intelligents. Ils savent d'instinct qu'ils ne sont pas en exercice mais en mission réelle. L'excitation des hommes, l'odeur spéciale probablement dégagée dans ce type de circonstance et les coups de feu ne les trompent pas. Eux aussi sont plus « éveillés » que d'habitude. On dirait qu'ils attendent avec impatience de montrer à leur maître ce dont ils sont capables.

L'intervention d'un chien est toujours impressionnante. Gentil et affectueux en situation normale, l'animal se transforme en bête fauve à l'attaque rapide et silencieuse dès que son maître lui fait un signe convenu.

- Lancez Arno à mon commandement ! Tout le monde à son poste pour l'assaut !

À l'écoute de son nom, Arno a compris. Il regarde passionnément son maître. L'intelligence du chien est étonnante. Il sait qu'il va agir dans peu de temps. Il semble heureux « d'y aller » lui aussi. Autour du maître chien, le maréchal des logis-chef R. et les six hommes du premier assaut se préparent.

- Attention, dit Barril dans son talkie-walkie : nous allons lancer Arno puis donner l'assaut. Appui 1, êtes-vous prêt ?

- Appui 1, prêt ! répond le poste d'appui tir au fusil, dont le serveur est toujours allongé, l'œil rivé à sa lunette de visée.

- Appui 2 prêt ?
- Appui 2 prêt, répond une voix dans l'écouteur.
- Appui 3 prêt ?
- Appui 3 prêt...
- Bon, tout le monde en place, commande Barril.

La petite colonne quitte le sous-sol, sort par une porte opposée à la villa du forcené, et s'approche par petits bonds dans l'axe de relative sécurité. En trente secondes l'équipe d'assaut est prête, collée au mur, y compris le chien Arno. Barril fait un signe au maître chien. Et tout va aller très vite.

Armes à la main, les hommes sont prêts à bondir dès qu'Arno aura saisi le bras armé du forcené. Un geste précis et puissant qu'il a fait des centaines de fois dans toutes les conditions, y compris de nuit et dans la poudre neutralisante. Le gaz CB n'affecte d'ailleurs pratiquement pas les chiens. Ils n'ont pas la même sensibilité au produit que les humains.

Le maître chien François R. s'approche de la porte du garage avec le gendarme Michel L. D'un geste brusque, le gendarme Michel ouvre l'un des battants de la porte du garage. Il évite de peu la décharge de fusil qui réplique immédiatement. François tient son chien Arno par la laisse courte.

- Allez, bébé, on va aller l'attaquer ! murmure François à l'oreille d'Arno.

Arno est lâché. D'un pas rapide et puissant, il fonce par la porte ouverte dans le fond du garage où se cache le forcené.

Le berger allemand a contourné la voiture bâchée derrière laquelle se cache Mohammed. Il aperçoit alors

161

la silhouette du forcené, là, à deux mètres. Arno voit le fusil de chasse. Il bondit sur le bras qui tient l'arme. Le coup de feu part. Arno est projeté en arrière par la balle à sanglier qui le transperce de part en part...

Le maître chien François R. dégaine et tire vers le plafond du garage. Il veut obliger le tueur à se protéger et donner ainsi une chance à son chien de ne pas prendre une deuxième décharge. C'est exactement ce qui se passe. Mohammed ne tire pas une deuxième fois sur Arno.

Le berger allemand revient en gémissant sur trois pattes. Derrière lui, une longue trace de sang. Le berger allemand a la force d'aller jusqu'à son maître, et le regarde d'une drôle de façon. Un regard bouleversant pour le chef R. Un regard qui signifie « je vais mourir, c'est triste, mais je suis surtout triste parce que je n'ai pas réussi ma mission ». Le chef R. attrape Arno dans ses bras et l'emporte sous la protection de l'équipe d'intervention derrière la villa d'où ils sont partis.

- Assaut différé, commande le capitaine Barril dans son émetteur. Arno a été blessé.

Pour toute l'équipe du GIGN, la blessure d'Arno est un coup durement ressenti. Les chiens d'attaque sont considérés comme des soldats à part entière. Ils risquent leur vie pour sauver celle des humains, et c'est exactement ce qu'a fait Arno.

L'une des ambulances mises en réserve depuis le début du siège est réquisitionnée. Arno, qui perd son sang malgré un point de compression, n'a d'yeux que pour son maître qui le caresse et le rassure :

- C'est bien, Arno, tu es un bon chien, on va te tirer de là !

Par radio, on a prévenu un vétérinaire. Quand l'ambulance arrive à Épinal, une demi-heure après, Arno ferme les yeux par intermittence. Sa vie s'en va. On le transporte dans la salle d'opération ; le diagnostic du véto est rapide :

- Il a été transpercé de part en part par une balle de gros calibre. Plusieurs centres vitaux sont irrémédiablement atteints. Je ne peux rien faire, sinon abréger ses souffrances par une piqûre...

Le chef R. regarde son chien. Arno, les yeux mi-clos, met ses dernières forces dans le regard qu'il porte à son maître. D'un signe de tête, le chef R. donne son accord au véto qui a déjà préparé la piqûre mortelle.

Le chef R. caresse une dernière fois son chien qui a la force de remuer la queue. En quelques secondes Arno est mort. Le chef R. se frotte les yeux. Il pleure mais dit au véto :

- J'ai pris des gaz lors de l'assaut, tout à l'heure, ça irrite les yeux.

Le véto fait semblant de le croire.

Dans le sous-sol, tout le GIGN est à nouveau réuni. L'opération est un échec total.

Personne n'a pu localiser Mohammed avec précision. On sait qu'il se tient vers le centre du garage, mais il a aménagé plusieurs cachettes derrière des cartons, des planches et des cageots.

- Il faut absolument qu'on le fasse bouger et qu'on le voie. Bon, nous allons recommencer l'opération lampes aux fenêtres. Mais pas question de les tenir à la main, c'est trop dangereux. Il faut trouver des perches et les attacher au bout, dit Barril.

- Mon capitaine, il y a des perches à haricots au fond du jardin, annonce le gendarme F.

- Excellente idée ! Allez en chercher quatre... mais j'espère que ce ne sera pas la fin des haricots...

Les hommes rient nerveusement. Il est 1 h 10. Les villageois sont toujours debout derrière les cordons de sécurité.

Les perches à haricots font trois mètres de longueur. C'est plus qu'il n'en faut aux trois hommes qui commencent à attacher leurs lampes de poche au bout des perches. Nouvelle progression d'assaut. Chaque gendarme, écouteur minuscule dans l'oreille, attend l'ordre du capitaine Barril.

Ça y est, chacun est en position contre les trois fenêtres par où tire le forcené. De l'autre côté de la rue, les trois tireurs d'élite se concentrent sur leur lunette. Les lampes vont éclairer l'intérieur, ils vont pouvoir mieux observer.

- Allumez, ordonne Barril dans son émetteur.

En une seconde les trois lampes sont allumées et dirigées simultanément vers les trois fenêtres. Un feu nourri part immédiatement. Une première lampe est pulvérisée. Quelques secondes plus tard, une deuxième lampe est transpercée. Puis la dernière. Le tir n'a pas duré quinze secondes. Six coups de feu ont été tirés par Mohammed. La nuit et le silence retombent brusquement.

- Vous avez vu quelque chose ? interroge Barril par radio.

- Négatif, répondent les trois tireurs d'élite.

- Incroyable, ce type ! commente le gendarme F.

- Bon, demandez aux pompiers s'ils ont un puissant projecteur à mettre à notre disposition.

Les pompiers ont bien un projecteur puissant, et facile à mettre en œuvre.

- Installez-le discrètement face à la porte du garage de Mohammed, dans l'axe de tir des trois appuis feu.

Deux gendarmes du GIGN se faufilent derrière les maisons de l'autre côté de la rue, maisons au rez-de-chaussée desquelles se trouvent les trois tireurs d'élite du GIGN. À 2 h 15, le projecteur encore éteint est installé sur son trépied tandis qu'à toute vitesse le gendarme se replie. Le projecteur, d'une trentaine de centimètres de diamètre, va maintenant être raccordé à une prise volante qu'un autre gendarme est en train d'apporter sur un long dévidoir. Soudain un coup de feu. Un seul. Le projecteur bascule. Il vient d'être transpercé par une brenneke tirée à vingt mètres par Mohammed, à qui la manœuvre n'a pas échappé.

- Autorité, d'appui 1.

- Parlez, appui 1 ! répond Barril.

- Mon capitaine, je l'ai vu pour la première fois lorsqu'il a tiré sur le projecteur. Il se déplace à quatre pattes. Et il a au moins deux cachettes dans le sous-sol.

Le capitaine Barril se tourne vers son adjoint, le capitaine Masselin. Toute l'équipe du GIGN est silencieuse. La fatigue se fait sentir d'autant plus fortement que plusieurs hommes ont vu la mort de près. Et que la situation paraît insoluble.

- Philippe, tu prends le commandement ! lance Barril à son adjoint. J'ai besoin de réfléchir au calme. Je vais me reposer un instant.

Le capitaine Masselin décide alors de tenter à nouveau le dialogue.

- Vous venez avec moi en couverture. On va essayer de l'accrocher psychologiquement. Il doit être fatigué, lui aussi, et je ne sais pas comment il fait pour résister aux gaz ; mais ça a quand même dû le secouer...

- Affirmatif, mon capitaine. Mais ça ne l'empêche pas de tirer vite et bien et de surveiller tous nos mouvements...

- Eh bien essayons le dialogue, on ne sait jamais...

À 2 h 45, le capitaine Masselin et son gendarme de protection se retrouvent une fois de plus contre le mur côté de la cuisine. La poudre du gaz s'est maintenant dissipée. Et les gendarmes sont sans masque.

- Mohammed, tu t'es bien battu ! Tu n'as tué personne. Tu as fait une bêtise pas bien grave et tu vas pouvoir te rendre dans l'honneur. Nous sommes des soldats comme toi, dit le gendarme L. Rends-toi, Mohammed !

Pour toute réponse, les deux gendarmes entendent le maniement d'une culasse. Même réponse du forcené que lors de la première tentative, il y a maintenant près de six heures...

Les deux gendarmes, avec mille précautions, reviennent se mettre à l'abri de la maison voisine. Ils descendent dans le sous-sol. Quinze paires d'yeux les regardent, interrogatifs.

- On a essayé de dialoguer... Rien, pas un mot. Il répond par le maniement de la culasse de son arme. Il reste inaccessible psychologiquement. Et physiquement, il tient le coup d'une façon incroyable.

- Mon capitaine, je comprends pas que les gaz n'aient aucun effet sur lui... Il doit avoir un truc...

- De toute façon, il y a longtemps que la poudre s'est posée au sol.

- Vous me donnez une idée, lance Barril. On va réactiver tout ça... Nous allons balancer deux grenades dans le garage pour faire voler à nouveau le gaz CB. Allez, L. et M., avec moi...

Un nouveau commando se prépare pour cette opération. Deux grenades offensives sont sorties d'une caisse en bois. Puis le capitaine Barril, appuyé par deux gendarmes équipés de masques à gaz, se dirige une nouvelle fois dans la nuit vers la maison du forcené. Entre-temps, Mohammed a tiré trois coup de feu sur on ne sait qui, car personne aux alentours n'est visible dans un rayon de plus de cent mètres. Seul le GIGN est presque au contact dans cette maison qui lui sert de QG à dix mètres de la villa tragique.

À 3 h 20 l'officier fait un signe. Les deux gendarmes dégoupillent leurs grenades et les balancent chacun par une fenêtre du sous-sol. Cinq secondes plus tard une formidable explosion fait sursauter les habitants. Le gaz se répand immédiatement dans l'atmosphère, et les gendarmes, 357 magnum au poing, se tiennent prêts à toute tentative de sortie désespérée de Mohammed. Dans leurs lunettes de visée spéciales, les trois tireurs d'élite ne distinguent pas le moindre mouvement. Mohammed a-t-il été mis KO par les explosions suivies de la redispersion du gaz CB ?

Il n'est pas question de risquer la vie d'un gendarme inutilement. Le commando regagne par petits bonds le PC. Et le capitaine Masselin rend compte au capitaine Barril :

- On a balancé deux grenades, mais il n'a eu aucune réaction.

- Il est peut-être sonné ?

- En tout cas il baigne à nouveau dans le gaz, et là personne ne comprend comment il peut résister, même s'il a un masque...

Le capitaine Barril interroge par radio ses trois points d'appui feu :

- Vous voyez bouger quelque chose ?

- Négatif, mon capitaine. De toute façon ça fait plus de sept heures qu'on l'observe et on l'a vu une seule fois, deux secondes. Il se déplaçait très vite à quatre pattes. Alors dans le brouillard du CB, on a peu de chances...

- Bon, fait Barril, on va le faire bouger, ce gusse. Il a eu Arno. C'est un coup de bol. On va lui envoyer le deuxième chien. Préparez Rolympe !

Rolympe est le deuxième chien d'attaque que le GIGN a emmené dans l'opération. C'est également un superbe berger allemand de couleur fauve. Il est tenu en réserve dans une voiture à cent mètres de la villa. Son maître a vite fait d'aller le chercher pour le conduire dans le sous-sol. À l'écoute de son nom, il se redresse, oreilles pointées vers l'officier du GIGN. Comme pour dire « message reçu, je suis prêt ». Puis il regarde son maître comme pour lui demander « alors, on y va ? ».

Le gendarme D. et son chien suivent donc le capitaine Barril et deux autres gendarmes qui avancent toujours par le même itinéraire : l'angle mort de la fenêtre de la cuisine. C'est par cette fenêtre que l'ordre d'attaque va être donné à Rolympe.

Le gendarme D. est un peu inquiet. Il redoute que son chien ne soit lui aussi blessé dans l'assaut qu'il va donner. Mais le gendarme se rassure : son chien va attaquer par un chemin différent. Et puis le forcené n'aura pas toujours la même chance...

Rolympe ne cesse de regarder son maître. Il attend l'ordre d'assaut. La courte laisse est enlevée. Le gendarme se penche à l'oreille du chien :

- Allez, attaque !

Rolympe bondit par la fenêtre de la cuisine, se dirige vers la porte qui donne dans le garage, et puis soudain deux coups de feu, des gémissements, Rolympe revient blessé à mort. Il a la force de sauter à nouveau par la fenêtre pour retrouver son maître. Évacué d'urgence à Épinal et opéré, Rolympe mourra malgré tout quelques heures plus tard.

Nouveau coup dur pour les gendarmes du GIGN. Comment neutraliser ce diable d'homme ?

- Il faut que nos tireurs d'élite aient une meilleure vue. On va faire sauter la moitié de porte qui ne s'est pas ouverte, propose le capitaine Masselin par radio à Barril.

- OK, Philippe... vas-y !

En effet, de l'autre côté de la rue, les trois tireurs d'élite sont gênés dans leur visée par la moitié de la porte du garage restée fermée.

Dans la pénombre, le capitaine Masselin, contre la maison du forcené, fait des signes à son gendarme spécialiste en explosifs : les gestes mille fois répétés en silence sont immédiatement interprétés ; on va faire sauter la porte, le temps de coller la longue bande explosive.

Hélas, il est 5 h 20 du matin. L'humidité est tombée et les explosifs ne veulent pas rester collés. Un rouleau de Scotch vient enfin résoudre le problème...

- Prêt, mon capitaine, fait comprendre le gendarme F. en levant le pouce.

- Faites sauter, répond par signes le capitaine Masselin, en simulant le geste d'appuyer sur un détonateur.

Explosion. Coups de feu du forcené. Le deuxième battant de la porte du garage a bien été pulvérisé.

- Excellent, dit le point d'appui 2 par radio. Cette fois on a une vue sur tout le garage. Il ne va pas pouvoir nous échapper longtemps...

Quelques minutes plus tard - il est 6 h 10 - le gendarme P. - l'un des trois points d'appui - va enfin observer Mohammed :

- Mon capitaine, je viens de voir le gusse... Ça a duré une seconde, mais il a été caché par la voiture bâchée qui est devant lui...

- Attention, dit Barril par radio, je vous donne l'ordre de le neutraliser d'une balle à l'épaule dès que possible. Il n'y a pas d'autre solution.

- Bien reçu, mon capitaine, répondent successivement les trois tireurs d'élite.

Chacun se remobilise et regarde intensément dans sa lunette. Il y a maintenant plus de onze heures qu'ils sont dans la position du tireur couché, l'œil rivé à leur lunette...

- Allez, dit Barril, on va le faire bouger coûte que coûte. Une équipe va passer par le premier étage pour trouver un nouvel angle de tir. Ça va l'inquiéter et il se démasquera.

Dans la nuit qui va s'achever dans deux heures, deux gendarmes partent à la recherche d'une échelle pour monter au premier étage. Ils trouvent l'accessoire dans une remise. Avec d'infinies précautions, l'échelle est dressée. Un gendarme grimpe et réussit sans bruit à ouvrir la fenêtre. Il saute à l'intérieur, bientôt rejoint par le gendarme F. Éclairés par de minuscules lampes, les deux gendarmes découvrent sur un lit des bouts de billets de 500 F calcinés. Et ils ne sont pas au bout de leurs surprises : à côté des restes de billets, une demi-douzaine de boîtes de médicaments. Vides. Mohammed s'est dopé.

- Ça y est, mon capitaine, nous sommes prêts à ouvrir la porte qui descend dans le garage, annonce le gendarme F. par radio.

- Attention à tous. Tir de neutralisation dès que possible, confirme le capitaine Barril par radio. Action !

Au premier étage, les deux gendarmes ouvrent la porte d'un geste brusque. Surpris par le bruit venant au-dessus de sa tête, Mohammed se dresse fusil pointé vers le haut des escaliers. Dans sa lunette, le gendarme B. du point d'appui 1 a pour la première fois, depuis douze heures, l'épaule de Mohammed dans son croisillon. Il tire instantanément... Mohammed virevolte, s'effondre, disparaît à ras du sol.

- Mon capitaine, je pense que je l'ai touché, crie le gendarme B. par radio.

Il est 7 h 05 du matin. Rendus méfiants, les gendarmes n'osent croire encore que Mohammed a été neutralisé. Il a montré sa résistance exceptionnelle, et il est peut-être encore dangereux.

- Allez, on va ouvrir la porte de derrière à l'explosif, dit Barril. Et dans une demi-heure, le jour sera là. Nous donnerons l'assaut.

La porte arrière de la maison va voler en éclats sans difficulté. Il est 7 h 30. Un petit jour blafard se lève sur Deyvillers. L'équipe du GIGN est dans l'expectative. Il y a maintenant cinquante-cinq minutes que le forcené n'a pas tiré. Ruse ? Ou bien est-il hors de combat ?

À 8 heures, le jour s'est levé. Le capitaine Barril donne l'ordre de l'assaut. Sept gendarmes pénètrent simultanément par toutes les ouvertures. Sous une couverture, une forme sans vie. Mohammed est mort. En silence. La balle du tireur d'élite lui a bien traversé l'épaule droite. Mais en se baissant, Mohammed a légèrement modifié l'angle de tir. La balle neutralisante est devenue mortelle.

Les gendarmes du GIGN se souviendront longtemps de la maison au forcené. Ils en tireront une précieuse expérience pour d'autres cas similaires...

6

KARATÉ EN DC8

La petite porte de l'avion s'ouvre avec une violence inouïe. Le commandant de bord se trouve soudain nez à nez avec le canon d'un fusil à pompe. Tout l'équipage est pétrifié par la violence de l'homme, un Allemand athlétique et jeune. Il est blond. Déterminé. Il s'adresse en allemand au commandant :

- Bougez pas, hein ? Bougez pas ! Je tue tout le monde, moi, hein ? J'en ai rien à foutre... Toi, tu appelles la tour de contrôle pour leur donner mes ordres...

Le commandant Martin, très calme, lève les bras lentement, dans un geste d'apaisement :

- OK, nous ferons exactement ce que vous souhaitez ! Dites-moi ce que vous voulez.

Très énervé, surexcité, le pirate de l'air débite d'un trait une longue tirade :

- D'abord tu vas leur dire de virer tout ce qu'il y a dans les soutes. Je veux plus un colis à bord. Et puis je veux qu'ils fassent le plein. Est-ce que tu as les cartes pour aller en Amérique du Nord ?

- Ah non, désolé, nous on était prévus pour l'Algérie...

175

- Bon ! Tu leur demandes des cartes pour l'Amérique du Nord. Je veux également qu'ils fassent monter une jeune femme à bord et je veux deux parachutes...

- C'est bien compris, dit le commandant Martin... Je vais transmettre tout ça à la tour...

- Attention, contrôle pour Charlie-Tango-Alpha.

- Charlie-Tango-Alpha parlez.

- Nous sommes en situation 888 (code qui indique un détournement d'avion). Nous avons des exigences à vous transmettre...

Il est 7 h 50 ce lundi 6 août 1984. Le soleil est déjà levé depuis plus de deux heures sur l'aéroport de Marseille-Marignane. Sept personnes sont menacées de mort par le pirate : les quatre membres d'équipage et trois personnes du service fret de l'aéroport.

Pour le GIGN, tout va aller très vite : les autorités ont décidé d'employer les grands moyens. Un Mystère 20 du GLAM est mis à la disposition du capitaine Masselin, qui décolle dès 9 h 45 avec neuf sous-officiers et du matériel. Une deuxième équipe suit en Nord-262, un bimoteur à hélice nettement moins rapide que le biréacteur... À 10 h 45, le Mystère 20 se pose sur l'aéroport. Le trafic n'a pas été interrompu malgré le détournement D'abord parce que le pirate n'a pas d'explosifs. Ensuite parce que le DC8 est sur une zone de stationnement éloignée des pistes.

C'est le préfet de police de Marseille qui accueille le capitaine Masselin dans la tour de contrôle :

- Capitaine Masselin ; mes respects, monsieur le préfet...

- Bien, je vous remercie d'avoir fait diligence. Voici quelle est la situation : sept personnes sont menacées de mort par un individu de nationalité allemande qui est monté à bord pendant la phase finale de chargement de ce DC8 que vous apercevez là-bas... Il a des exigences un peu surréalistes. Le déchargement du fret et le plein d'essence, passe encore... Mais une fille et des parachutes ! Nous avons le sentiment qu'il veut se rendre aux jeux Olympiques, aux USA... Ça c'est pour le trajet... Il a demandé des cartes d'Amérique du Nord... Les parachutes, on ne sait pas très bien pourquoi... Mais la fille, qu'il souhaite jeune et jolie, disons que c'est pour lui permettre de passer du bon temps pendant le trajet...

- Un déséquilibré ?

- Ses demandes paraissent un peu fantaisistes. Mais sa détermination est intacte. Il fait preuve d'une violence verbale certaine. Voici d'ailleurs M. le consul d'Allemagne qui est venu se mettre à notre disposition pour les problèmes de traduction... J'ajoute que le GIPN (Groupe d'Intervention de la Police nationale) est déjà là. Mais ils ne sont pas entraînés pour ce type de situation. Ce n'est pas, je crois, votre cas ?

- Effectivement, monsieur le préfet, tous mes hommes sont entraînés pour faire face à ce type de situation.

- Bien, alors allez-y...

D'un geste de la main, le préfet semble servir sur un plateau invisible le DC8, ses sept otages et son pirate de l'air...

Très vite le capitaine Masselin a mis son dispositif en place. À la jumelle, l'officier commandant le GIGN observe le pirate. Il tient fermement à la main son fusil à pompe. La crosse est sciée. Le canon aussi. La porte avant gauche de l'appareil est ouverte. Elle donne sur un escalier amovible. C'est par là que le pirate est monté.

- Bon, on va l'occuper. Faites-lui savoir que, conformément à ses vœux, nous allons décharger l'avion. Cela nous permettra d'approcher et de monter à bord. Et cela donnera le temps à notre deuxième équipe de nous rejoindre.

À 11 h 30 les neuf sous-officiers du GIGN sont tous à leur poste. Par une prise extérieure à l'avion, le capitaine Masselin parle au commandant de bord.

- Ici l'officier commandant le GIGN. Je sais que vous m'entendez. Ne répondez pas ! Nous sommes chargés de vous délivrer. Nous étudions la situation. Je vous demande de ne prendre aucune initiative susceptible de gêner notre travail. Nous vous tiendrons au courant. Gardez confiance, le GIGN est là !

Dans le poste de pilotage, le commandant et le copilote n'ont pas manifesté d'émotion. Mais ils savent maintenant qu'à tout moment ils peuvent être libérés.

Caché derrière un chariot arrêté au pied de l'escalier, le gendarme G., armé d'un long revolver de huit pouces (canon de 24 cm) et d'une lunette de visée, tient l'épaule du pirate dans sa ligne de mire. Mais conformément à l'éthique et à la morale de ces gendarmes d'élite, blesser pour neutraliser n'arrivera qu'en dernière extrémité, lorsque tous les autres moyens auront échoué.

Cachés sous l'avion, les gendarmes P. et Q. sont équipés de protections anti-balles. Avec leur casque lourd à visière épaisse, on dirait des martiens...

Dans la soute de l'avion, deux équipes déguisées en débardeurs commencent le déchargement de l'avion. Le pirate est complètement cerné par les hommes du GIGN. Bien que très vigilant, il ne se doute de rien. Tout ce dispositif est contrôlé par le gendarme P. Au volant d'une voiture de piste, il tourne autour du DC8 et rend compte de ce qui se passe, par radio, au capitaine Masselin.

Midi quinze. Les renforts GIGN arrivent. Le bimoteur Nord-262 s'est posé à son tour sur la longue piste de Marseille. L'air vibre dans la chaleur du mois d'août. Le capitaine Carmichaël, accompagné du médecin chef Kalfon, rejoint avec son détachement de quinze gendarmes du GIGN les locaux de la gendarmerie du transport aérien.

Le pirate de l'air, adossé à la porte des W-C dans le sas qui mène au poste de pilotage, surveille attentivement les allées et venues. Il est toujours très nerveux. Il pointe alternativement son fusil sur les membres d'équipage et sur la porte ouverte donnant sur les escaliers.

Sous la cabine avant de l'appareil, le capitaine Masselin jauge la situation. Casque de piste sur les oreilles, il ressemble à un technicien au sol. À condition de ne pas y regarder de trop près... Il faut absolument désarmer le pirate. Et pour cela trouver un prétexte, afin de faire monter un homme du GIGN par l'escalier. C'est la fausse équipe des débardeurs qui va fournir l'idée.

- Mon capitaine, l'équipe de déchargement a des difficultés avec deux palettes. Elles sont prises dans un filet de protection. Ça irait plus vite si on pouvait enlever le filet. Mais pour ça il faudrait passer par l'avant de l'appareil.

- OK, bien compris.

Immédiatement le capitaine Masselin appelle le pirate par radio.

- Bon, ici le responsable du déchargement. Nous avons des difficultés pour décharger la soute. Il faudrait qu'un manutentionnaire puisse passer par-derrière afin de dégager les filets de protection. Pouvez-vous laisser un de nos hommes d'équipe passer par votre côté ?

- Pas question ! répond le pirate. Je suis pas fou ! Vous allez m'envoyer un commando armé !

- C'est ridicule, personne ne prendrait un tel risque ! répond le chef du GIGN.

- Bon, d'accord si ça accélère le déchargement. Mais à une condition : qu'il soit complètement à poil !

- Vous plaisantez ! Personne n'acceptera de travailler dans de telles conditions. On veut bien accélérer le déchargement selon vos instructions, mais il y a des limites... En plus il risquerait de se blesser...

Finalement le pirate accepte que le « manutentionnaire » garde son pantalon... Le capitaine Masselin fait signe au gendarme P., en poste sous l'appareil, d'enlever son casque.

- Alain, il me faut un volontaire pour monter là-haut torse nu et neutraliser à mains nues le pirate. Êtes-vous d'accord ?

Le gendarme P. répond immédiatement :

- C'est d'accord, mon capitaine !

P. est l'une des dernières recrues du GIGN. Entré depuis à peine un an dans l'unité d'élite de la Gendarmerie nationale, c'est un redoutable pratiquant des sports de combat. Que le patron du GIGN lui propose cette mission de confiance le touche infiniment. C'est son baptême du feu. Il doit montrer qu'il est digne de la confiance qu'on lui témoigne. En quelques instants le jeune gendarme est torse nu.

Mains levées, torse nu, le jeune gendarme monte lentement l'escalier. Il arrive sur la petite plate-forme qui donne sur la porte ouverte de l'appareil. Très méfiant, le pirate pointe son arme sur lui et lui parle en allemand. P. comprend clairement le sens des phrases gutturales que lui lance le jeune pirate d'une voix ferme : si tu fais la moindre connerie, je te bute. Fasciné par le canon scié du fusil à pompe, P. voit distinctement les coups de scie qui entourent la gueule du canon. La mort est là, à un mètre de lui. P., par gestes, montre qu'il a du boulot et qu'il va aider ses camarades de l'autre côté du filet de protection. Le pirate, d'un mouvement de fusil, lui donne la permission de bouger, sous haute surveillance.

Toute l'équipe d'assaut qui entoure l'avion est prête à intervenir. Mais chacun sait que tout repose sur le jeune gendarme. Une chose est d'être excellent en attaque simulée, à l'entraînement, une autre chose est de faire les mêmes gestes sans droit à l'erreur.

Du coin de l'œil, P. a remarqué que de temps en temps le pirate enlève son doigt de la détente. Sans doute pour reposer son index. Il est 12 h 35 et cela fait plus de cinq heures que la prise d'otages a commencé.

Dans le poste de pilotage, tous les passagers ont été rassemblés. Lorsque le commandant Martin voit arriver le manutentionnaire, il a tout de suite compris que le GIGN va tenter quelque chose. Le gars qui vient d'entrer torse nu est trop puissamment musclé pour être un manutentionnaire d'aéroport...

En un clin d'œil, tout bascule. Dans le cockpit un haut-parleur grésille. C'est le consul d'Allemagne qui s'adresse au pirate. Celui-ci tourne la tête une fraction de seconde vers les instruments. Son doigt n'est plus sur la détente. D'un formidable bond le gendarme P. est sur lui, et d'un coup de karaté il fait tomber le fusil pourtant solidement tenu et le lance sur la piste par la porte ouverte. Une lutte au corps à corps s'engage alors entre les deux hommes. Le pirate essaye d'attraper l'un des poignards qu'il porte à la ceinture. Dans la soute, l'adjudant M. et le maréchal des logis-chef S. se précipitent à travers les obstacles pour venir en aide au jeune P... Ils sautent sur le pirate, qui est totalement maîtrisé. Il est débarqué sans ménagements par l'escalier. Ensuite, plaqué sur le ciment chauffé de la piste, il est fouillé par des mains expertes. Un poignard, puis un couteau à cran d'arrêt, puis un troisième poignard sont saisis ! Menotté, l'homme est conduit vers les locaux de la gendarmerie de l'aéroport. Mais voici que surgissent en courant les policiers du GIPN. Ils veulent récupérer le pirate et le conduire dans les locaux de la police. Évidemment, la presse est là... Fermement le capitaine Masselin explique que c'est au préfet de police de décider. Et le préfet laissera aux gendarmes le juste bénéfice de cette arrestation. Beau joueur, le commissaire Nguyen qui dirige le GIPN leur dit :

- Bien joué, les gars. C'était du beau travail !

7

LE FORCENÉ
À LA WINCHESTER

- Pour bien réussir le pot-au-feu, moi j'ajoute toujours un verre d'eau en fin de cuisson...

Au pied d'une tour HLM d'Avon, près de Fontainebleau, Mme Meri explique ses secrets de cordon bleu à sa voisine. Elle n'en dira pas plus. Une violente explosion les fait sursauter tandis que des débris de verre leur tombent dessus. Affolées, elles s'écartent en levant la tête.

- Ça vient du troisième !
- C'est sans doute le gaz !
- Vite je vais prévenir les pompiers, il y a peut-être des victimes.

Il est 18 h 15. Nous sommes le 16 octobre 1984. Louis M. vient de basculer dans la folie. Il a maladroitement tiré un coup de feu avec l'arme qu'il vient d'acheter, une très puissante carabine de chasse aux fauves.

Dix minutes plus tard, deux véhicules de pompiers arrivent au pied de l'immeuble, gyrophare et deux tons en action. Quelques têtes curieuses passent aux fenêtres. Les deux femmes attendent les soldats du feu au pied de leur cage d'escalier en faisant de grands signes de la main...

- C'est ici ! Par ici !

Deux pompiers arrivent à petites foulées :

- C'est chez vous, l'explosion ?

- Non, c'était chez notre voisin du dessus...

- Des victimes ?

- Ah ben je sais pas... Je suis pas allée voir, y'a peut-être danger !

- Bon, ne restez pas là, on va monter, c'est quel étage ?

- Troisième...

Les deux pompiers grimpent par l'escalier, tandis que les autres soldats du feu commencent à dévider les tuyaux... Au cas où...

Au troisième étage, tout a l'air calme sur le palier... Les deux pompiers tendent l'oreille : rien, aucun bruit. Ils frappent. Aucune réponse.

- Y'a quelqu'un ? Êtes-vous blessé ?

Ils frappent encore sur la porte... Silence.

- Bon, on va ouvrir au pied-de-biche...

Le caporal-chef Jean-Claude Bonneau engage le court levier d'acier qu'il porte à la ceinture. La porte en bois commence à craquer. Soudain, le caporal-chef fait un violent bond en arrière. La poitrine en sang. Et son camarade ressent une brûlure au bras. La détonation ne laisse aucun doute. Ni le trou bien rond dans la porte. On vient de leur tirer dessus !

- Tirez pas, c'est les pompiers ! crie le deuxième pompier, légèrement blessé.

Un silence menaçant lui répond. G. attrape son camarade par une jambe et le tire à l'abri de la porte, dans un recoin du palier. Une épaisse trace de sang macule le carrelage...

- Jean-Claude ! Jean-Claude, t'es blessé ?

Jean-Claude est mort. Sur le coup. Mais son camarade ne le sait pas encore. Il appelle des secours par sa radio portable :

- Bonneau est blessé ! On nous a tiré dessus à travers la porte ! Demandez la police en urgence !

À 18 h 45 les premiers policiers du commissariat de Fontainebleau arrivent sur place tandis qu'à l'hôpital les médecins constatent le décès du caporal-chef Jean-Claude Bonneau.

Depuis sa fenêtre, le forcené tire de temps à autre. Du gros calibre. Les coups de feu résonnent sinistrement dans la petite cité composée de trois bâtiments HLM.

À 20 h 30, la brigade des gaz de la préfecture de police arrive. Ce sont des spécialistes de ce genre de situation. Tandis que des coups de feu continuent à être tirés sur les immeubles d'en face, où personne n'est blessé, les policiers sortent leur matériel. Deux boucliers blindés à l'épreuve des balles sont montés face à la porte, sur le palier du troisième étage.

Ainsi protégés, les policiers s'approchent à toucher la porte, et commencent à y pratiquer une ouverture à coups de hache. Une ouverture suffisante est bientôt obtenue par laquelle les policiers font passer des grenades spéciales de gaz lacrymogène. Tous les policiers sont équipés de masques. Ils attendent, arme à la main, que le forcené sorte de sa cachette les yeux en pleurs.

Bientôt, une ombre se détache dans le nuage de gaz. À l'abri de leurs boucliers, les policiers voient un homme fusil à l'épaule. Il tire plusieurs coups de feu sur eux !

Incroyable, les balles sont d'une telle puissance qu'un bouclier est percé à trois endroits ! L'un des policiers qui se croyait à l'abri du blindage est grièvement blessé. Quelques coups de feu sont échangés « au jugé ». Toute l'équipe des gaz se replie, emportant le collègue qui perd son sang. Une nouvelle traînée rouge macule le carrelage du troisième et se prolonge dans les escaliers...

- Monsieur le commissaire, explique l'un des policiers, on ne peut rien faire. Le type a une arme qui transperce nos blindages ! On a déjà un blessé grave. Et les gaz lacrymogènes n'ont pas l'air de le gêner beaucoup...

Le commissaire hoche la tête d'un air entendu.

- Bon, on va demander au GIGN d'intervenir...

À 1 h 20, en pleine nuit, le capitaine Masselin arrive sur place avec ses hommes. À cette heure-ci, la longue colonne de CX bleu gendarmerie n'a pas été gênée par la circulation. À l'abri d'un bâtiment, une conférence improvisée commence sur le trottoir. Il y a là toutes les autorités du département. Le préfet de Seine-et-Marne, le procureur de la République et le commandant de gendarmerie de Fontainebleau.

- Capitaine Masselin, commandant le GIGN. Mes respects, messieurs ; monsieur le procureur, pouvez-vous me faire un point de la situation ?

- Eh bien capitaine, nous avons affaire à un forcené âgé. Il a soixante-douze ans ! Nous avons des renseignements par sa famille que nous avons contactée. Il a été plus ou moins embrigadé par une secte. Il voudrait en sortir mais il voit la secte partout dans son environnement et il fait la guerre à la planète entière.

- Une guerre qui a déjà fait des victimes...

- Oui, nous déplorons la mort d'un pompier. Et un policier de la brigade des gaz a été sérieusement blessé tout à l'heure. Il est en ce moment sur la table d'opération.

- Avez-vous dialogué avec le forcené ?

- Vous savez, capitaine, dialoguer avec un type qui tire sur tout ce qui bouge... non, les policiers n'ont même pas essayé...

- Bon, on va voir tout ça. Je vais mettre mes équipes en place...

À quelques mètres de là l'équipe du GIGN attend son patron. Le point de la situation est facile à faire : on ne sait à peu près rien de ce qui est nécessaire à l'intervention efficace des gendarmes. Le capitaine Masselin déploie son dispositif. Priorité à l'observation et au renseignement. Quatre équipes sont désignées. Deux vont renseigner par l'observation directe à travers les fenêtres de l'appartement et l'étude des logements voisins. Deux autres se tiendront prêtes à intervenir. Elles sont placées aux demi-étages inférieurs et supérieurs. Mais le capitaine Masselin veut d'abord cerner la personnalité de Louis M., ce septuagénaire qui vient de devenir un meurtrier.

- Trouvez-moi quelqu'un de sa famille...

- Justement, mon capitaine, deux membres de sa famille sont arrivés...

- Bon, allons-y.

Derrière le bâtiment, le capitaine Masselin rencontre un couple d'une quarantaine d'années. Ce sont des proches de Louis M.

- Alors, qu'est-ce que vous pouvez me dire pour nous aider ? Pourquoi fait-il cela ?

- Mais c'est un fou, mon capitaine, répond le parent du forcené...

- Un fou dangereux ! renchérit la dame, ça fait un moment qu'il "débloque"... Il arrêtait pas de nous menacer depuis plusieurs mois. Il était persuadé qu'une secte le poursuivait. Il les voyait partout. D'ailleurs je l'avais toujours dit que ça allait mal finir ! Il faut l'abattre comme un chien enragé ! C'est une saloperie, ce type-là... Un vrai malfaisant !

Le capitaine Masselin est un peu surpris par la violence du ton.

- Madame, vous comprenez bien que pour dialoguer avec lui, nous devons le comprendre... Et...

L'homme coupe brutalement la parole à l'officier :

- Mais y'a rien à comprendre ! Vous voyez bien qu'il a disjoncté ! Nous on le savait depuis longtemps ! Vous avez entendu ce que vient de dire ma femme ? Vous êtes armés ? Bon, eh bien faites votre travail, sinon il va tuer tout le monde...

Comme pour donner raison au parent du forcené, un coup de feu résonne. Le capitaine Masselin comprend qu'il n'obtiendra rien de la « famille ». Mais l'officier du GIGN veut malgré tout tenter de nouer le dialogue. Avec précaution, il se dirige vers le bâtiment où ses quatre équipes sont sur place depuis maintenant une heure. Il monte les deux premiers étages en souplesse. Silence absolu. La cage d'escalier est bien éclairée. Sur chaque marche, de longues traînées de sang. Dans les angles, les traînées de sang montent sur les murs. Les hommes qui ont évacué le mort et les blessés se sont appuyés dans les coins. Le capitaine Masselin arrive dans le dernier coude qui le mène au troisième. L'une de ses équipes est là. Silencieuse. Lorsque le capitaine Masselin parle soudain à voix haute, chacun ressent un regain de tension. La parole les met en contact direct avec Louis M... Comment va-t-il réagir ?

- Louis, c'est le capitaine Masselin qui vous parle... Nous ne sommes pas là pour vous faire du mal mais pour vous aider... Que souhaitez-vous ? Dites-moi quel est le problème et nous ferons le maximum pour vous...

Silence.

- Louis, le plus sage est de sortir maintenant. Personne ne vous veut du mal, bien au contraire... Louis, est-ce que vous m'entendez bien ?

Silence.

Pendant plus d'une heure, le capitaine Masselin va tenter d'établir un contact psychologique avec Louis M... En vain. Pas la moindre réponse. Même pas le bruit du maniement d'une culasse comme cela avait été le cas à Deyvillers. Sur le palier qu'il aperçoit à trois mètres de lui, l'officier vit une situation surréaliste. Du sang partout. Et ce silence angoissant. Derrière lui, tout en noir, les cinq hommes de la première équipe d'intervention prêts à foncer. Devant la porte criblée de trous, les deux hauts boucliers des policiers. Lourds, massifs, pesants, ils ont été montés un par un par l'ascenseur. Des boucliers sur roulettes. Ils doivent protéger les policiers de toute munition. Mais là, l'un des « sarcophages » - c'est le nom employé par les policiers - a été transpercé. Le capitaine voit très distinctement un petit trou rond dans le blindage. C'est par là que la balle est passée. Non seulement elle a transpercé l'épais blindage et le policier, mais aussi la porte d'en face et une cloison avant de tomber... dans la baignoire. Heureusement que les locataires avaient été évacués...

- Bon, il faut le localiser, le faire bouger.

Redescendu au PC provisoire, le capitaine Masselin a réuni ses équipes. L'une d'entre elles, commandée par le capitaine Carmichaël, va avoir une mission particulièrement dangereuse : évacuer les deux boucliers pour que les gendarmes puissent avoir un accès direct à la porte et la faire sauter. Cela permettra à la fois de faciliter l'observation, de localiser le forcené et de l'obliger soit à se rendre, soit à se cantonner dans une seule pièce. Avec les gendarmes P. et F., le capitaine Carmichaël remonte au troisième étage. Par signes, et sans un bruit, les deux gendarmes prennent position de part et d'autre de la porte. Puis ils bondissent derrière l'un des deux boucliers pour le tirer vigoureusement, et dégager la porte. Mission accomplie. D'un geste du doigt, le gendarme L. montre à son camarade les trous faits par les balles du forcené dans l'épais blindage. Le déplacement du sarcophage a fait un peu de bruit. Inévitablement.

Les nerfs tendus, les deux gendarmes reprennent position. 357 magnum à la main, le gendarme P. est collé au mur sur le côté gauche de la porte. Le gendarme L. bondit une nouvelle fois pour retirer le deuxième bouclier. Mais Louis M. a entendu. Il tire à nouveau au jugé à travers la porte. Le gendarme L. sent soudain une double brûlure à la main et à la hanche. Du sang coule sur sa tenue d'intervention. Le gendarme a la force de bondir une nouvelle fois à l'abri du mur vers ses camarades. Tous ont leur arme pointée vers la porte, mais aucun coup de feu n'est tiré de leur part.

- Je suis touché à la hanche et à la main ! Il faut me remplacer !

À trois mètres du drame, le chef R. reçoit des gouttes de sang de son camarade...

Pas question de repasser devant la porte du forcené qui tire au moindre bruit. L. est donc évacué en direction des étages supérieurs. Il passera par le toit de l'immeuble pour redescendre par une autre cage d'escalier.

Le médecin-chef Lucas, alerté par radio, arrive immédiatement et fait évacuer par ambulance le gendarme blessé vers l'hôpital de Fontainebleau.

- Ses jours ne sont pas en danger... dit-il, après un examen sommaire, aux visages interrogateurs qui l'entourent... Ses blessures ont probablement été provoquées par des éclats métalliques.

Par radio, le capitaine Masselin interroge ses deux points d'appui et d'observation. Le premier est établi au troisième étage d'un HLM situé à une centaine de mètres.

- L., ici Masselin, avez-vous observé quelque chose ?

- Négatif, mon capitaine. Les rideaux forment un écran opaque. Je ne peux rien voir...

Le deuxième poste d'observation et d'appui est situé au sol, derrière les buissons d'un square. Le capitaine Masselin obtient la même réponse. Il s'en doutait...

- Il faut absolument dégager les ouvertures pour une vue directe. Nous devons enlever les boucliers et faire sauter la porte... Il me faut un volontaire pour remplacer L...

Le chef R. lève la main

- Je suis prêt, mon capitaine.

- Bon, allez-y, mais pas d'imprudences...

Dans la tête du chef R., qui monte lentement les dernières marches le séparant de la porte de la mort, les images se bousculent. Et les odeurs. L'odeur du sang. Il a coulé en abondance dans la cage d'escalier. Le sang des pompiers, policiers et gendarmes mêlés dans la fraternité de l'action. Sur les murs d'énormes éclats. Les balles sont d'une puissance inouïe. On ne sait pas avec quoi tire le forcené, mais c'est du « gros ». Dans le silence absolu de la cage d'escalier, la mort rôde. Le chef R. la sent. Il sait que tout peut basculer en un instant. Il pense soudain fortement au capitaine Prouteau, le fondateur de cette unité d'élite. Il était à ses côtés lorsque l'officier a été grièvement blessé d'une décharge de fusil en pleine tête. Du calibre 12, à gros plombs numéro 4, tiré à quatre mètres. Il voit encore son officier évacué sur un brancard, la tête en sang, vers le vieux fourgon des pompiers locaux. Il avait encore sa lucidité mais ne pouvait parler, la mâchoire fracassée.

- Quel est votre groupe sanguin ? lui demandait un médecin.

Par gestes, que le chef R. revoit avec intensité en cette seconde où lui aussi va frôler la mort, il fait un zéro avec le pouce et l'index réunis puis la barre du moins... Zéro négatif...

Pourquoi pense-t-il à cette scène alors qu'il doit traverser le palier de la mort dans quelques secondes ? À cause du sang ? À cause des blessures de son camarade L. ? Mais maintenant il faut y aller. R. retient son souffle. Il doit courir pendant quatre mètres avant d'être à l'abri relatif du mur d'en face. Il attend. Il écoute. Il imagine le forcené l'arme toujours pointée à travers la porte, c'est-à-dire sur lui. Il prend sa respiration. Et de trois formidables foulées, il rejoint le gendarme et se colle contre le mur à la gauche de la porte. Par un geste curieux, le chef R. regarde sa montre. Sans doute pour décompresser. Il est 3 h 30.

Voici le chef R. et le gendarme P. à trente centimètres d'une porte devant laquelle deux lourds boucliers blindés ont été abandonnés. Des boucliers maculés de sang. Des boucliers transpercés comme des passoires par le forcené. Et le chef R. sait qu'à quelques centimètres de lui, de l'autre côté, Louis M. écoute de tous ses sens, prêt à tirer, y compris de travers. C'est d'ailleurs de cette façon qu'il a blessé le gendarme du GIGN : par un tir en biais.

197

Armés d'une perche solide prêtée par les pompiers, les deux gendarmes du GIGN entreprennent de traîner les boucliers blindés l'un après l'autre. Dès les premières tentatives, Louis M. tire. Une flamme traverse la porte et un énorme éclat de ciment se détache sur le mur d'en face !

- Putain, il tire à la mitrailleuse lourde ! dit à voix basse le chef R...

Mais à force de persévérance, le premier bouclier est traîné dans le coin où ils sont relativement protégés par le mur en ciment. Les deux hommes font alors basculer le lourd blindage sur le carrelage, dans un bruit de fin du monde... Nouveau coup de feu à travers la porte du forcené, qui doit se demander ce qui se passe. Cinq minutes plus tard, les deux gendarmes ont réussi la première partie de leur mission : dégager la porte des deux boucliers blindés afin de la faire sauter à l'explosif.

Sur le palier d'en dessous, deux maîtres chiens se tiennent prêts. Mais le capitaine Masselin, qui a encore en mémoire la récente tragédie de Deyvillers, ne les utilisera pas.

- Allez, maintenant faites-moi sauter cette porte !

Mais impossible de coller directement sur le bois l'explosif spécial, baptisé Sésamex.

Une fois de plus la longue perche des pompiers va servir. Avec d'infinies précautions pour ne pas faire de bruit, le chef R. a fixé au bout de sa perche les cent vingt-cinq grammes de plastic que le spécialiste P. lui a donnés.

Puis il déroule le fil électrique jusqu'à l'étage supérieur. Par radio, il appelle le commandant du GIGN, le capitaine Masselin :

- Mon capitaine, la charge est prête !

- Alors, feu !

Le gendarme P. appuie sur le bouton du détonateur électrique. Une violente explosion fait trembler les murs. Les deux gendarmes, arme au poing, redescendent sur le palier du troisième. La porte de l'appartement qui fait face à celle du forcené n'existe plus ! Elle a été arrachée par le souffle de l'explosion. En revanche, la porte du forcené n'est qu'en partie détruite ! Seuls les deux tiers supérieurs ont été arrachés. Mais il reste presque un mètre du bas de la porte qui empêche encore toute pénétration rapide. Sans doute le forcené a-t-il mis un obstacle au bas de la porte, pense le chef R. Mais la question qui les préoccupe est surtout de savoir si Louis M. n'a pas été sonné ou mis KO par l'explosion violente. Pour en avoir le cœur net, le chef agite sa perche devant l'ouverture béante. Immédiatement un coup de tonnerre retentit : le forcené est toujours là.

- Mon capitaine, il est intact !

Le message radio résume bien la situation. Quatre heures après l'intervention du GIGN, le forcené, qui n'a toujours pas dit un mot, tire sur tout ce qui bouge avec une arme d'une puissance inouïe. Probablement une arme de grande chasse, pense le capitaine Masselin. Pas question de risquer inutilement la vie de ses gendarmes. Il faut, maintenant que toutes les solutions ont été tentées pour maîtriser le forcené, obtenir du procureur l'autorisation de tirer à l'épaule pour neutraliser le septuagénaire.

Derrière le deuxième HLM, le capitaine Masse-lin retrouve les autorités du département.

- Monsieur le procureur, mes hommes ont tout essayé. Mais nous sommes face à un cas que nous connaissons bien : un forcené en état second...

- En état second ? Que voulez-vous dire ?

- Eh bien, monsieur le procureur, il existe sans doute en chacun d'entre nous des capacités physiques et intellectuelles considérables. Elles ne sont mobilisées que dans des cas exceptionnels. Nous savons tous, par exemple, qu'en état de grande colère notre force est décuplée. Pour simplifier je dirai que l'état second est un état encore plus fort que l'état de colère. Louis M. est manifestement dans cet état. Dernier exemple, l'explosion de cent vingt-cinq grammes de plastic à quelques mètres de lui n'a eu aucun effet sur l'homme, alors qu'il aurait du être assommé. Je vous demande donc l'autorisation d'ouvrir le feu pour le neutraliser d'une balle à l'épaule.

Le procureur hoche la tête d'un air entendu. Il connaît la valeur, le sérieux, le sens des responsabilités des gendarmes en général et du GIGN en particulier.

- C'est d'accord !

Par radio, le commandant du GIGN donne l'ordre à ses deux tireurs d'élite, l'un au troisième étage de l'immeuble au pied duquel il se trouve, l'autre couché sur le gazon d'un square, de neutraliser le forcené dès qu'ils l'apercevront dans leur lunette à amplification de brillance.

- Mais, mon capitaine, avec les rideaux on ne voit rien !

- OK, répond Masselin, on va essayer d'arracher les rideaux depuis l'étage supérieur... Tenez-vous prêts pour le tir de neutralisation.

- Bien reçu !

À l'étage supérieur, au quatrième, se tient la deuxième équipe d'intervention dirigée par le capitaine Carmichaël. Composé de cinq hommes, le petit commando commence à exécuter sa délicate mission.

Par la fenêtre de l'appartement du quatrième, dont les occupants ont été évacués par l'ascenseur, le chef se penche dans la nuit. Les fenêtres du forcené sont là, juste en dessous de lui. Avec la perche au bout de laquelle il y a un crochet, il casse un carreau, et commence à agripper les rideaux pour les arracher. Une violente traction de la perche vers l'avant le tire vers le vide. À côté de lui, le gendarme S. le ceinture instinctivement pour éviter la défenestration. À deux mètres des deux hommes, Louis M. s'est agrippé à la perche et se pend de tout son poids !

Soudain, alors que les deux hommes ont toujours le buste à l'extérieur, Louis M. de sa main libre passe son fusil par la fenêtre cassée et tire au jugé sur les gendarmes. La balle frôle la tête des deux soldats, et fait exploser une corniche en ciment au-dessus d'eux. Un morceau de ciment se détache et rase une fois de plus les deux gendarmes toujours agrippés à la perche, qui est elle-même toujours tirée d'une main par le forcené.

À cent mètres de là, au troisième étage d'un autre HLM, le capitaine Masselin et le gendarme P. ne perdent pas une miette de la scène. L'officier observe avec une paire de jumelles spéciales et le tireur d'élite regarde dans son viseur. Mais Louis M., qui bouge beaucoup, ne présente jamais son épaule de face. Ils voient soudain le forcené pivoter face à eux. En une seconde le croisillon de la lunette de visée se fixe sur l'épaule gauche.

- Je l'ai, mon capitaine !

- Feu !

Là-bas, à cent mètres, la silhouette a pivoté sur elle-même et a tiré au moment même où elle était touchée. La simultanéité des deux coups de feu ne laisse aucun doute : le forcené a bien été blessé d'une balle à l'épaule. Il est 5 h 30 du matin. Le silence retombe sur la cité. Scène surréaliste, les premiers habitants des HLM qui partent au travail passent devant la gueule du canon du deuxième poste de tir situé au sol dans le square ! Le périmètre de sécurité n'est pas vraiment étanche...

- Tir de neutralisation probablement réussi, annonce Masselin par radio.

- Mon capitaine, je demande l'autorisation d'aller voir... dit l'adjudant F.

Entre le deuxième et le troisième étage, l'équipe de pénétration de l'adjudant F. n'a que quelques marches à monter pour déboucher sur le palier et pénétrer par la porte défoncée. Mais un sixième sens alerte le commandant du GIGN. La tragédie de Deyvillers est toujours présente à son esprit.

- Négatif, personne ne prend de risque...

Casque d'assaut anti-balles sur la tête, l'adjudant F. risque un œil sur le palier. Il n'a que le temps de se jeter en arrière. Un éclat de ciment se détache derrière lui. Le forcené a tiré ! Et il tire une deuxième fois. Puis une troisième... Plus question d'assaut.

À l'étage au-dessus, le capitaine Carmichaël reprend sa mission : arracher les rideaux pour que les deux tireurs d'élite puissent avoir une vision directe à l'intérieur de l'appartement.

Mais, bien que blessé, le forcené tire à nouveau par la fenêtre vers le haut. Le jeu mortel va durer cinq longues minutes. Toujours avec la perche des pompiers, le chef Q., solidement tenu par un gendarme, se penche à l'extérieur, accroche rapidement un bout de rideau et le déchire puis se jette en arrière. Le forcené pointe alors brusquement son arme et tire à deux mètres de la tête du gendarme. À 5 h 50, le capitaine Masselin rejoint le capitaine Carmichaël au quatrième en passant par une autre cage d'escalier et par le toit. Un trou est percé dans le plafond et une fibre optique - une mini-caméra de télévision de quatre millimètres de diamètre - permet de voir l'appartement du forcené. Mais celui-ci est dans une autre pièce.

- Il faut absolument le faire bouger, dit le capitaine Masselin, qui saisit sa radio. P., vous me recevez ?

À cent mètres de là, le gendarme P., toujours l'œil rivé à sa lunette de tir, reçoit parfaitement.

- Vous allez tirer dans le mur à côté de lui pour le faire sortir de sa cachette. Et dès que possible effectuez un nouveau tir à l'épaule...

À 6 h 35, le gendarme P. ajuste son tir sur le mur gris qu'il distingue à travers la fenêtre brisée. Une grande partie des rideaux a été arrachée grâce à la courageuse action de l'équipe du capitaine Carmichaël. Les gendarmes entendent l'impact de la balle. Louis M., comme l'avait prévu Masselin, semble surpris. En six heures d'intervention, le GIGN vient de tirer son second coup de feu alors que Louis M. a déjà brûlé une vingtaine de cartouches. Le forcené se découpe soudain parfaitement dans la lunette de tir du gendarme P. Une nouvelle fois, il presse sur la détente en visant l'épaule droite. Sur le palier et par le trou béant de ce qui reste de sa porte, l'équipe d'intervention de l'adjudant F. entend Louis M. gémir. Pas de doute, cette fois il a bien été blessé.

— Mon capitaine, on l'entend gémir, il est touché...

— Bon, allez-y, mais pas d'imprudence...

Sur un geste de l'adjudant, deux gendarmes le suivent et arme à la main débouchent sur le palier sanglant. Un projecteur qui vient d'être disposé pour l'assaut éclaire puissamment la scène. L'adjudant F. bondit, 357 magnum à la main, court vers la porte, suivi par son gendarme, fusil à pompe à l'épaule, prêt à tirer à la chevrotine à neuf grains. Une arme redoutable choisie pour son fort pouvoir d'arrêt. Le forcené a résisté aux balles classiques, il faut donc maintenant une arme plus puissante pour le neutraliser.

Dans le milieu du couloir qui fait face à la porte puissamment éclairée par le projecteur, Louis M. jaillit soudain. Il pointe son arme sur l'adjudant F...

- Tire ! ordonne l'adjudant à son gendarme...

Une flamme, une puissante détonation, Louis M. pivote sur lui-même sans lâcher son arme et s'effondre, touché au côté gauche. Armes pointées sur lui, les deux gendarmes enjambent ce qui reste de porte. Ils découvrent des planches cloutées pour transpercer les chaussures. Un piège classique qu'ils ont appris à éviter.

Les hommes du GIGN se précipitent pour assurer la neutralisation de Louis M. en le maintenant au sol tout en récupérant son arme. Sous son blouson, Louis M. s'était fait un gilet pare-balles de fortune : une petite plaque d'acier. Mais malgré les ressources insoupçonnées que provoque l'état second, cette fois c'en est fini. Il a été grièvement blessé de deux balles de fusil aux deux épaules, qui ne l'ont pas empêché de tirer avec détermination et précision sur les gendarmes, et puis la troisième blessure à la chevrotine a eu raison de son incroyable résistance.

À 7 h 05, l'adjudant F. peut lancer le message que tous attendent :

- Plus de danger, mon capitaine !

Tout le GIGN se retrouve sur le palier et dans l'appartement.

- Avec quoi il tirait ?

L'adjudant F. sort, la carabine du forcené à la main. Une Winchester calibre 300 magnum. Une arme de grande chasse en vente libre ! Le forcené disposait encore d'une dizaine de cartouches... Louis M. est rapidement évacué par le SAMU qui attendait sur place. Mais le forcené va décéder des suites de ses blessures.

Pour le commandant du GIGN, la mort de Louis M. est un échec. Dans l'éthique de l'arme, tout doit être fait pour protéger la vie humaine. Le tir de neutralisation n'intervient qu'en dernière extrémité. Une blessure à l'épaule n'est pas mortelle. Elle met simplement hors de combat le terroriste ou le forcené. Mais voilà, il y a l'état second, comme le qualifie le capitaine Masselin. Et Louis M. a montré, comme à Deyvillers, qu'en état second on est insensible aux gaz et que l'on peut continuer à tirer même avec une balle dans chaque épaule !

Comment ce septuagénaire a-t-il pu en arriver là ?

Masselin essaye de comprendre.

Les officiers de police judiciaire qui sont maintenant dans l'appartement pour les procédures légales font d'étranges découvertes. Une somme de soixante-dix mille francs est trouvée par la police. Comme à Deyvillers, où le forcené avait fait brûler des liasses de billets de 500 F, probablement ses économies. On trouve aussi la preuve qu'il pratiquait d'étranges cérémonies d'occultisme. Une lettre est saisie. Les enquêteurs y lisent cette phrase : « Je suis persécuté par tous. J'ai donc décidé d'en finir et de faire la guerre au monde... »

8

LE FERRAILLEUR
ATTAQUE AUX GAZ

- Salaud, je vais te trouer la peau !

Baïonnette à la main, Émile Z. se précipite.

Dans la chambre brutalement allumée, Robert, nu dans son lit, a un geste instinctif de protection. Il saute de côté. La baïonnette s'enfonce dans le sommier jusqu'à la garde. Les deux hommes s'empoignent avec une violence inouïe. Terrorisée, à genoux et tremblante dans un coin de la chambre, Élisabeth, la femme d'Émile, surprise avec son amant par son mari, ne dit pas un mot. Elle tente de cacher sa nudité avec un morceau du drap de ses amours coupables.

Les deux hommes roulent à terre. Émile se dégage d'un coup de reins. Son visage est rouge, ses yeux exorbités ; il se dresse au-dessus de son rival, pointe un doigt vers sa femme :

- Toi, tu vas rentrer à la maison.

- Tu ne la toucheras pas !

Robert s'est dressé et s'interpose :

- Tu ne la toucheras pas ! répète-t-il.

Sans un mot, Émile tourne les talons et descend l'escalier. La baïonnette reste plantée au milieu du lit.

Les deux amants se regardent, hagards. Élisabeth se lève et se précipite :

- Il a failli te tuer !

- Il a failli nous tuer !

- Mais qu'est-ce qui va se passer ?

- J'en sais rien, mais en tout cas il ne te fera pas de mal... je suis là...

À 10 h 15, le 10 juillet 1985, le téléphone sonne au groupement de gendarmerie de Versailles, à la caserne Pasquier. Dans le petit bureau du GIGN, le lieutenant Picon est prévenu qu'« un dangereux individu puissamment armé est retranché à Bourguignon-sous-Concy, dans l'Aisne ».

L'homme a tiré à plusieurs reprises sur les gendarmes locaux. Il n'y a pas de blessé, mais c'est un miracle.

À 14 h 20, une première équipe du GIGN se pose en hélicoptère près du lieu de l'affaire.

Le lieutenant Picon est confiant. Un forcené, c'est plutôt banal. Il n'y a pas d'otage. L'individu est seul. Du gâteau...

Le jeune lieutenant ne se doute pas qu'il va devoir faire face à de multiples rebondissements...

Voici venir le commandant du groupe. Il tend la main au jeune lieutenant :

- Bienvenue, lieutenant... On a besoin des compétences du GIGN car le gars est dangereux et déterminé. J'ai d'ailleurs demandé à son fils de rester à notre disposition. Il pourra vous donner des renseignements utiles.

Le lieutenant Picon remercie, mais il veut d'abord jauger la situation par lui-même.

La maison est là. Petite, d'un gris sale. Un vaste terrain l'entoure. Collé à la maison, un camion-benne. Le forcené est ferrailleur, le camion lui sert pour son commerce. De l'autre côté de la maison, une caravane jaune pisseux.

Planqué derrière un petit bâtiment à quatre-vingts mètres de la maison, le lieutenant évalue la situation. Ce ne sera pas simple, le terrain est totalement à découvert. Malin, le forcené a installé un système de miroirs qui lui permet d'éviter tout angle mort. Et sur le toit, deux gros tuyaux d'aération sortent des tuiles. L'homme a prévu l'utilisation des gaz par le GIGN.

Repli stratégique vers la maison qui sert de quartier général. Le procureur est là :

- Alors, lieutenant, comment allez-vous faire ?
- Nous allons d'abord essayer le dialogue.
- Le dialogue ? Mais c'est ce que nous essayons de faire depuis ce matin. Et l'homme répond par des insultes. Lorsqu'un gendarme tente de s'approcher, il tire !
- Nous avons l'habitude de ce genre de situation, monsieur le procureur. Je vais compléter mes renseignements en interrogeant le fils.

Quelques minutes plus tard, le fils du forcené arrive. Un grand jeune homme de vingt ans, la mèche en bataille, le regard sombre, une vieille veste grise qui bâille sur un tee-shirt bleu :

- J'veux pas parler avec vous ! Vous êtes des tueurs professionnels ! Vous voulez tuer mon père ! Tous les gendarmes sont des salauds !

- Allons, ne dites pas de bêtises ! Nous sommes là pour aider votre père ! Il faut que vous l'aidiez vous aussi à sortir de cette situation !

- Je ne vous crois pas !

- Vous connaissez la réputation du GIGN !

- Je ne vous connais pas ! Vous êtes des tueurs et des menteurs !

Mais à force de patience, le lieutenant Picon va retourner la situation.

Le jeune homme est excité et inquiet pour son père. C'est naturel. Petit à petit, le calme et la force de conviction du jeune lieutenant de gendarmerie vont l'emporter. Et avec la même passion de ses vingt ans, le jeune homme rassuré bascule soudain dans le camp du GIGN.

- Mon lieutenant, j'suis d'accord pour vous aider... J'ai confiance en vous, maintenant ! J'sais que vous n'voulez pas tuer mon père ! Mais laissez-moi lui parler ! Je l'connais bien ! Il m'fera pas de mal ! Laissez-moi le voir ! J'veux lui parler !

Le lieutenant Picon hésite un instant. Grâce à un patient dialogue, il a réussi à persuader le jeune homme des bons sentiments du GIGN à l'égard de son père... S'il dit non, tout est à refaire... S'il dit oui, le père peut très bien garder son fils en otage... Ou le tuer... Ou encore, le fils peut rester aux côtés de son père pour le défendre...

Un immense doute envahit le jeune officier. Quelle est la bonne décision ?

- Bon c'est d'accord, dit le lieutenant, allez-y, et tâchez de convaincre votre père de se rendre. Pour l'instant on n'a pas grand-chose à lui reprocher...

- Merci, mon lieutenant !

Un sourire fend le visage du jeune homme qui se précipite hors de la maison en agitant les bras...

- Papa ! papa ! ne tire pas ! c'est moi !

La jeune silhouette s'avance en courant vers la maison au silence menaçant... Les gendarmes entendent distinctement :

- Monte !

Ouf, il n'a pas tiré sur son fils...

- Lieutenant, vous êtes sûr de ce que vous faites ? demande le procureur.

Le lieutenant n'est sûr de rien. Qui peut dire ce qui va se passer ?

- Je crois que c'était la seule solution, monsieur le procureur...

- Et s'il garde son fils en otage ?

- J'ai pris le risque. Mais je ne le crois pas. Il y a une grande affection entre eux, quelque chose de très puissant...

- On verra bien !

Le lieutenant Picon a installé des points d'appui. Deux tireurs d'élite - ils le sont tous - du GIGN.

De longues minutes commencent. Le procureur, silencieux et préoccupé, fait les cent pas. Le lieutenant aussi. Les deux gendarmes couchés au sol, à cinquante mètres de la maison, observent dans leur lunette de visée. Rien. Aucun mouvement, aucun bruit ne sont perceptibles.

- François, ici Jean-Pierre, vous voyez quelque chose ?

- Négatif, rien ne bouge...

Officiers et sous-officiers du GIGN se vouvoient, mais s'appellent par leurs prénoms lors des opérations. Une tradition du Groupe, instaurée dès la naissance de l'unité d'élite par celui qu'ils appellent tous le « grand » avec affection et respect : le commandant Prouteau, fondateur du GIGN.

- Jean-Pierre, pour François...

- Parlez !

- J'ai vu son reflet dans l'un des miroirs. Il observe les environs...

Soudain, deux coups de feu claquent :

- Mon lieutenant, il a allumé Pierre... Il a eu chaud aux fesses, mais il n'est pas blessé.

Pierre est l'un des gendarmes du Groupe. Il était en embuscade derrière la caravane pourtant située à une centaine de mètres du forcené.

- C'est de la 22...

La voix du gendarme observateur grésille dans le talkie-walkie. La 22 long rifle est une balle de petit calibre. Mais elle peut être mortelle jusqu'à cinq cents mètres...

À 15 h 35, l'équipe complémentaire du GIGN arrive par la route. Chacun s'équipe sans précipitation. Gestes précis, pas de bavardages... La mécanique professionnelle du GIGN est impressionnante.

Il y a maintenant vingt minutes que le fils et le père sont enfermés au premier étage. L'attente devient insupportable :

- Attention, le voilà !

Tout le monde se précipite pour voir. Là-bas, à cent mètres, le fils sort et fait un signe des deux mains.

Le lieutenant a compris : le père n'a rien voulu entendre...

- Alors ?

- Mon père est intraitable. Il veut que vous lui ameniez ma mère. Sinon il ne se rendra pas et tirera sur tout ce qui bouge...

- Vous avez vu ses armes ? demande le lieutenant.

- Oui, il a plusieurs fusils, et beaucoup de cartouches. En plus, je peux vous dire que mon père tire très bien...

- Monsieur le procureur, demande le lieutenant Picon, peut-être pourriez-vous lui téléphoner ?

Décidé à tout tenter avant l'épreuve de force, le procureur a un geste de la main :

- On va encore essayer le dialogue... Mais ce sera sa dernière chance, d'autant plus que nous avons déjà essayé à trois reprises...

Le dialogue sera bref.

À chaque appel, Émile Z. descend du premier étage - le téléphone est au rez-de-chaussée :

- Qui est là ?

- C'est le procureur de la République.

- Je vous emmerde !

- Écoutez-moi, vous n'avez rien fait de grave jusqu'à présent... Soyez raisonnable et je vous promets que tout se passera bien...

- Allez vous faire foutre !

Émile Z. raccroche avec violence et remonte les escaliers quatre à quatre.

Le dialogue téléphonique n'a pas duré dix secondes...

- Bon, dit le lieutenant Picon, on va encore essayer, mais cette fois en direct au pied de la maison. Allez... prenez les précautions d'usage. Vous, lance le lieutenant au fils du forcené, venez avec moi, nous allons tenter de raisonner votre père.

Le lieutenant confie son arme à l'un des gendarmes qui l'accompagnent. S'il doit se montrer pour négocier, il faut qu'il se présente désarmé.

Par petits bonds successifs, cachés par l'angle mort fait par le camion-benne collé contre la façade nord de la maison, le lieutenant, ses deux gendarmes et le fils d'Émile Z. sont maintenant derrière la massive benne métallique, à cinq mètres sous l'un des fenêtres du premier étage :

- Allez-y, appelez votre père, dit le lieutenant.

Le fils d'Émile met ses mains en porte-voix...

- Papa, c'est moi, c'est François ! ne tire pas.
- Tu es seul ?
- Non, mais personne ne te veut de mal !
- T'es avec ces salauds de gendarmes ?
- Ils sont gentils, papa, ils ne veulent pas te faire de mal !

Le lieutenant Picon jaillit de sa cachette ; les mains écartées, il se met à côté de François...

- Je suis le lieutenant Picon du GIGN, je vous assure que votre fils dit la vérité, nous ne voulons pas vous faire de mal...

Un silence puis, du premier étage, Émile Z. interroge :

- Qu'est-ce que c'est que cet insigne que tu portes, t'es para ?

Le lieutenant a un instant d'espoir... Sans doute le forcené est-il lui aussi un ancien parachutiste... Sans doute le dialogue va-t-il se détendre ?

- Oui, je suis parachutiste !

Pour toute réponse, le forcené ouvre le feu. Le lieutenant plonge derrière le camion, entraînant le fils d'Émile. Encore un coup de feu. L'impact de la balle sur la benne inquiète les autres groupes du GIGN.

- Personne n'est blessé, mon lieutenant ? grésille la radio.

- Non, tout va bien, que chacun reste en position !

Dix minutes plus tard, le petit groupe s'est replié vers la maison la plus proche, qui sert de quartier général :

- Bon, cette fois on arrête la plaisanterie... Il n'y a pas de morts et c'est un miracle. On va donner l'assaut pour le neutraliser.

Le lieutenant Picon a pris sa décision sereinement. Il a tout tenté pour convaincre le forcené. Mais, enfermé dans sa logique suicidaire, Émile Z. n'est pas réceptif au raisonnement. La préoccupation du lieutenant est de bloquer Émile Z. au rez-de-chaussée. Il sera plus facile à neutraliser qu'au premier étage, où il domine la situation et où son système de miroirs lui permet de tout surveiller.

Le procureur est d'accord pour l'assaut. À un top donné par radio, il va une fois de plus téléphoner. Émile descendra, et selon un scénario bien rodé il insultera le procureur avant de remonter. C'est pendant cette dizaine de secondes que l'équipe d'assaut, collée à l'une des parois de la maison, pénétrera en

217

force par deux des fenêtres et bloquera la montée de l'escalier. Émile Z., bloqué dans la pièce du téléphone, peut-être sans arme, et en tout cas, loin de sa réserve d'armes et de munitions du premier étage, sera beaucoup plus vulnérable.

Les gendarmes du GIGN acquiescent. Le plan de l'officier est béton.

Action.

Il est 19 heures. Renseignés en permanence par les gendarmes A. et B. qui surveillent la maison à travers la lunette de leur fusil, cinq hommes s'approchent de la maison avec mille précautions.

Émile Z. est aux aguets. Son visage se découpe sur un miroir, puis une seconde plus tard sur un autre. Les sens aiguisés, il sent que « quelque chose » se trame... Un coup de feu claque...

- Sur qui il a tiré ? demande le gendarme P.

- Sais pas, mais fais gaffe.

Collés au mur, les cinq gendarmes se parlent à voix basse. Un deuxième coup de feu claque. Personne ne bouge, personne n'est blessé. Silence. Tension. Chacun retient ses gestes et sa respiration...

Le lieutenant prend sa radio, un talkie-walkie Motorola dernier modèle :

- Allez-y pour le téléphone.

À cent mètres de là, le procureur reçoit le message. Il décroche, compose le numéro d'Émile Z... Le téléphone sonne. Un bruit énorme, incongru dans la nuit qui commence à tomber. Des bruits de pas qui descendent l'escalier en bois.

Il est 19 h 30.

- Go !

Les gendarmes cassent les fenêtres de la pièce où se trouve l'escalier. Des fenêtres sans volet, faciles à ouvrir, mais devant lesquelles Émile Z. a tiré de lourds rideaux sales...

Mauvaise surprise... Les carreaux volent en éclats mais... les fenêtres refusent de s'ouvrir. Derrière les rideaux, Émile a poussé des armoires. De toutes leurs forces les gendarmes d'élite poussent ; les armoires bougent, mais Émile, alerté par le bruit, a le temps de remonter au premier.

Fiasco. Arme à la main, les cinq hommes sont maintenant dans la pièce, au pied de l'escalier. Plusieurs coups de feu claquent. Émile Z. fait clairement savoir sa détermination. Tout homme qui tentera de monter sera abattu. Et cette fois c'est à la chevrotine calibre 12...

Méthodiquement, les gendarmes repèrent les pièces et enlèvent les meubles qui bloquent les issues. Au pied de l'escalier stratégique, le lieutenant Picon continue ses tentatives de dialogue :

- Fais pas le con, Émile, on va monter et on va discuter tranquille, tu n'as rien fait de grave...

- Fumiers, je vous em... Venez me chercher !

À chaque tentative de dialogue Émile répond par une insulte, suivie d'un coup de feu dans la cage de l'escalier. Bientôt, les escaliers et même le plancher sont percés par des trous de 22 long rifle.

Le dialogue impossible va continuer une demi-heure, toujours ponctué de coups de feu.

Les gendarmes, parfaitement maîtres de la fusillade - eux n'ont pas tiré -, essayent d'épuiser les

cartouches du forcené par une tactique audacieuse...
Dès qu'ils entendent qu'Émile fait quelques pas sur
le parquet grinçant au-dessus d'eux, ils passent la tête
par la cage d'escalier et l'appellent :

- Émile ! sois raisonnable, viens discuter avec
nous !

Ils entendent alors des pas précipités ; Émile, fusil
pointé, fonce vers la cage d'escalier, dès que les gendarmes voient le bout du canon, ils retirent vivement
leur tête, un coup part une demi-seconde plus tard...
une quarantaine de coups de feu sont ainsi tirés à la
22. Malgré la présence du fils, que le lieutenant a fait
chercher pour tenter de convaincre son père, rien n'y
fait. L'isolement farouche du forcené s'accentue...
Soudain une forte détonation, un trou dans le plancher ; Émile a pris son fusil de chasse et tire à la
brenneke...

La mort frôle un gendarme qui se plaque au mur :
- Putain ! j'ai eu chaud aux fesses, dit le gendarme R. en désignant un trou à vingt centimètres de
lui dans le plancher.

Là-haut, Émile se déchaîne. On entend le bruit
de « quelque chose » que l'on traîne sur le plancher,
quelque chose de lourd... Un instant de silence, puis
un énorme bruit dans l'escalier : stupéfaits, les gendarmes du GIGN voient dévaler une puis deux bouteilles de gaz entourées de chiffons enflammés. On
entend distinctement le chuintement du gaz qui
s'échappe par les robinets grands ouverts.

Le chef R. et les gendarmes se précipitent, attra-
pent les deux bouteilles, ferment les robinets, piéti-
nent les chiffons et en dix secondes évitent une terrible

explosion. Rageur, Émile tire à nouveau dans la cage lorsqu'il constate l'échec de sa tentative.

À peine les gendarmes ont-ils évacué les bouteilles par la fenêtre que la radio portable du lieutenant Picon grésille :

- Jean-Pierre, de Philippe, il a mis le feu au premier, on voit des flammes et de la fumée !

À l'extérieur, l'un des tireurs d'élite du GIGN donne l'alerte : le forcené vient d'allumer un incendie !

D'un signe, le lieutenant Picon réunit ses équipes dans un coin du rez-de-chaussée. Briefing ultra-rapide :

- Vous, au top radio, vous cassez les miroirs, et immédiatement, vous - il désigne deux gendarmes -, vous balancez deux grenades lacrymogènes et vous (troisième gendarme) vous projetez les gaz au premier. Allez, tout le monde en place, exécution dans trente secondes...

Silencieusement, les hommes en noir du GIGN prennent leurs positions.

- Top !

Instantanément, à l'extérieur, deux coups de feu claquent. Deux miroirs explosent sous les balles de 357 magnum... Quelques secondes plus tard, deux explosions : les grenades lacrymogènes viennent de fuser à l'étage... Un nuage jaune se mêle aux fumées noires de l'incendie qui progresse lentement, puis le ronflement des gaz sous pression envoyés par l'équipe extérieure, grâce à une rallonge qui pénètre par une fenêtre du premier. En neuf secondes Émile ne voit plus rien, il est noyé dans un brouillard de poudre très irritant pour les yeux et la gorge.

- Ne le tuez pas ! hurle son fils.

- N'aie pas peur, on va le prendre intact !

La radio grésille une nouvelle fois :

- Jean-Pierre (c'est le prénom du lieutenant Picon), ça brûle de plus en plus au premier... Les pompiers veulent intervenir !

- Surtout pas ! Il y a danger de mort... Il faut attendre la neutralisation du forcené.

- OK, bien reçu ! Mais grouillez-vous, sinon il va griller et nous aussi...

- Bien reçu !

Le lieutenant se retourne vers ses hommes :

- Vous et vous en appui au pied de l'escalier, vous à l'assaut avec le bouclier transparent.

En trois secondes tous sont en place. Le chef P. monte rapidement les marches, tenant le bouclier transparent anti-balles devant lui. À ses côtés, il sent la présence rassurante de ses copains, armes braquées vers le haut de l'escalier pour le protéger...

Dans la fumée du haut de la cage, le chef P. débouche dans un paysage d'enfer : à travers son masque à gaz, il voit des flammes un peu partout, une fumée dense, et de la poudre blanche - les gaz - voleter au hasard des courants d'air... Mais là-bas, à dix mètres, une silhouette vient de disparaître rapidement dans une chambre.

Aussitôt rejoint par ses deux gardes du corps, le chef P. avance dans les flammes et la fumée. Étrange trio, lourd, puissant, avec leurs gilets pare-balles et leurs casques anti-balles sur leurs masques à gaz : les trois hommes du GIGN ont l'air de venir d'un autre monde... Les voici devant la porte... Un coup de pied pour l'ouvrir... Mais elle résiste. Par radio, de l'extérieur, le chef les renseigne :

- Je le vois, il est à la fenêtre, il se penche pour respirer, les gaz l'ont touché, mais il est toujours armé !

Alerté, le lieutenant Picon sort, fonce sous la fenêtre, et reçoit des gouttes de sang... L'homme s'est blessé en cassant un carreau dans sa précipitation pour respirer de l'air frais.

Au même instant, le chef P. réussit à faire sauter la porte, d'un ultime coup de pied.

Sans hésiter, Émile le forcené saute par la fenêtre et tombe dans la benne de son camion... Il n'a pas le temps de se relever après ce bond de trois mètres, qu'il reçoit une lourde masse sur lui... Le chef P. l'a suivi malgré son harnachement.

Le lieutenant Picon voit passer les deux masses juste au-dessus de sa tête, deux masses qui disparaissent dans le conteneur... L'officier se précipite pour prêter main-forte, et lorsqu'il débouche au-dessus de la benne il prend en plein visage un jet de gaz envoyé de l'autre côté par un autre de ses gendarmes, venu lui aussi aider le chef P. qui vient de sauter sur le forcené ! Secours inutiles, car le forcené est neutralisé par une clé ; son arme est récupérée.

Tout se précipite...

- Papa, ça va ?

- Bande de salauds ! a la force de répondre Émile, malgré la poudre qui lui ferme les yeux.

Menotté, Émile va bien. Il est descendu de la benne, tandis que le médecin commence à lui mettre un pansement sur sa coupure. Les pompiers peuvent enfin intervenir.

Le lieutenant Picon respire de l'oxygène pendant trente secondes, pour neutraliser la giclée de gaz reçue. Il se présente devant le procureur pour rendre compte de l'opération. D'un geste machinal, il s'époussette. Un peu de poudre neutralisante s'envole... Le procureur et le préfet pleurent à leur tour...

- Tu vois bien qu'ils sont sensibles ! dit l'un des gendarmes avec un gros clin d'œil...

9

CERNÉ PAR LES ENVAHISSEURS

2 août 1986, 22 heures. Les vacanciers de l'île de Ré sont brutalement réveillés par une série d'explosions. Dans le camping tout le monde croit à une mauvaise plaisanterie d'adolescents turbulents. Mais l'arrivée des gendarmes et des pompiers fait basculer le décor... Il se passe « quelque chose » d'anormal...

À cent mètres de là, Marcel B. vient de sombrer dans la folie. Et de tirer sur des « fantômes », puis directement sur les gendarmes. Marcel a soixante-treize ans. C'est un dur à cuire. Pour éviter toute effusion de sang, le commandant de brigade établit un périmètre de sécurité.

Et il appelle le GIGN.

Dès le petit matin, le capitaine Carmichaël et ses hommes sont sur place. Le voyage aux premières lueurs de l'aube s'est d'abord effectué par avion spécial. Puis par la route et par le bac, spécialement mobilisé (le pont n'est pas encore en service).

Sur le terrain, la foule des curieux est partout. En ce début août, les vacanciers ont devant eux un spectacle de choix inespéré pour pimenter leurs vacances : un homme retranché dans sa maison et qui tire sur les gendarmes !

- Laissez passer !

Les gendarmes de la territoriale ont bien du mal à ouvrir un passage aux voitures transportant les quinze hommes du GIGN...

- Regarde, ils ont un berger allemand !

- Putain, t'as vu la bête ?

La bête en question, c'est l'un des chiens d'attaque du GIGN. Très doux et affectueux avec son maître, le gendarme R.

Danzy, le berger allemand, se mue en fauve lorsqu'il en reçoit l'ordre.

Le convoi s'arrête bientôt dans une zone pavillonnaire. Les occupants ont reçu l'ordre de rester à l'intérieur et surtout de laisser fermés les volets qui donnent vers le pavillon du forcené, situé avenue d'Antioche. Le capitaine Carmichaël met rapidement deux équipes d'intervention en place après la reconnaissance des lieux.

La maison blanche est là, derrière une petite barrière qui longe l'avenue, habituellement très passante en cette saison. Une maison en forme de T, assez simple, toute en rez-de-chaussée et qui comprend une seule chambre, une salle de séjour, une cuisine et une petite salle d'eau.

Un tireur d'élite au fusil FRF1 est mis en appui face à la maison. Il est couché sur la pelouse et caché par des massifs de fleurs.

À 7 h 30, le jour est déjà levé lorsque les hommes en noir s'approchent de la villa en suivant l'axe mort qu'ils viennent de repérer. Comme pour la plupart des maisons de vacances, la petite maison est truffée de fenêtres et de baies vitrées qui ont autant d'axes de tir... Mais, prudent, Marcel B. a fermé les volets et tiré les rideaux.

Les hommes en noir du GIGN, malgré leur entraînement, ne peuvent réprimer un sentiment d'insécurité lorsqu'ils voient légèrement bouger l'un des lourds rideaux à carreaux.

Depuis 7 heures du matin, les deux équipes de trois gendarmes sont collées aux deux extrémités des murs de la maison. Dans un silence impressionnant, le capitaine appelle :

- Marcel ! vous m'entendez, venez discuter avec moi, c'est le capitaine de gendarmerie qui vous parle...

Silence.

- Mon capitaine, j'entends du bruit, il se rapproche de nous, dit le gendarme B.

Effectivement, dans le silence du petit matin, le capitaine du GIGN entend craquer le parquet, les pas se rapprochent, chacun est sur ses gardes...

- Où êtes-vous ? Je ne vous vois pas !

- Nous sommes juste là. Ouvrez la fenêtre et on va pouvoir discuter !

De part et d'autre des volets fermés, trois gendarmes et le capitaine restent collés au mur. À quinze mètres, le gendarme P. accentue sa vigilance dans la lunette de tir...

Pan ! Pan ! Pan ! Trois coups de feu traversent les volets fermés...

- Ah, le con !

À vingt mètres de là, un pompier interpelle son lieutenant :

- On y va, mon lieutenant, il y a peut-être des blessés...

Le lieutenant des pompiers qui regarde à la jumelle malgré la proximité de la scène fait un geste de la main :

- Bougez pas ! personne n'est blessé.

Derrière la maison, la deuxième équipe du chef D. vient de recevoir l'ordre radio de pénétrer immédiatement dans une pièce pour faire diversion.

Avec un pied-de-biche, le gendarme P. fait sauter la fermeture symbolique des deux petits volets bleus. La fenêtre est rapidement ouverte, avec précaution... Un canapé jaune apparaît. Face à lui, la télé.

Des revues éparses au sol.

- Attention, chef, le voilà !

Dans l'encadrement de la porte intérieure, Marcel B. surgit fusil à la main. Il a été attiré par le bruit.

- Il a un 12...

D'un coup d'oeil très professionnel, le gendarme P. a reconnu l'arme : un riot-gun... L'arme la plus redoutée des spécialistes, car elle a une munition très puissante qui « arrose ».

- Je suis le rempart contre les envahisseurs. Nous sommes envahis par les Arabes... Il faut nous défendre. Appelez les gendarmes !

Marcel B. a un discours totalement incohérent ! Mais il demande la présence des gendarmes face aux « envahisseurs », c'est peut-être la chance d'une amorce de dialogue :

- Ici la Gendarmerie nationale, dit le chef D. Nous sommes les gendarmes chargés de vous protéger.

- Je ne vous crois pas, prouvez-le ! Montrez-moi un képi !

Panique chez les hommes du GIGN...

Personne n'a de képi... Ils ont tous un casque anti-balles... Et s'ils se montraient dans leurs tenues d'intervention, nul doute que Marcel serait conforté dans sa certitude que les « envahisseurs » le cernent.

Par radio, le chef D. donne un ordre :

- André, pique-moi un képi de la territoriale et rapplique en vitesse !

Sans chercher à comprendre, le gendarme prend le képi d'un collègue et donne cette vague explication :

- Ils en ont besoin !

Ce « ils » désigne l'équipe d'intervention pour laquelle les gendarmes de la territoriale ont respect et admiration. D'autant qu'ils ont déjà essuyé plusieurs coups de feu...

Une minute plus tard, le chef D. est en mesure de répondre à la demande du forcené :

- Nous sommes les gendarmes, ayez confiance, posez votre arme et sortez, vous êtes en sécurité !

- J'vous crois pas ! Vous êtes des envahisseurs. Si vous êtes des gendarmes, montrez-moi vos képis !

Le gendarme P. tend le képi par la fenêtre, et jette furtivement un coup d'œil. Une énorme détonation et une flamme balayent la pièce...

Le képi est projeté à vingt mètres, réduit en charpie, une gerbe de plomb n° 4 frappe le casque anti-balles du gendarme qui se colle à nouveau au mur.

Plus de peur que de mal : la gerbe de plomb a tangenté la visière. Mais quinze rayures sur la visière témoignent de la précision du tir... et de la nécessité des tenues spéciales d'intervention. Sans son casque, le gendarme aurait eu au mieux les deux yeux crevés, et au pire une place au cimetière.

Malgré la tournure tragique prise par l'intervention, l'équipe de gendarmes du chef D. tente de continuer le dialogue impossible :

- Ne tirez plus ! Nous sommes les gendarmes ! Ne tirez pas sur les gendarmes.

Volontairement, le chef D. répète les mots clés pour entrer en contact avec ce septuagénaire noyé dans sa psychose et ses fantasmes.

- Vous êtes des envahisseurs !

Le dialogue impossible continue dans ce petit matin où le soleil pointe timidement ses premiers rayons.

À six mètres de là, à l'autre extrémité de la maison, la deuxième équipe, aux côtés du capitaine Carmichaël, décide de passer à l'action en ouvrant à son tour une fenêtre. Le dialogue rassurant, entendu dans l'autre pièce, permet aux gendarmes d'avoir la certitude qu'ils peuvent agir sans risque. Avec un pied-de-biche, le gendarme B. essaye d'ouvrir les volets.

Ils résistent. Alors, les forces décuplées par l'intensité du danger, il arrache les deux battants à la main ! En une seconde, il ramasse un pot de fleurs et le projete le plus doucement possible dans la fenêtre... qui s'ouvre à deux battants ! Elle n'était pas verrouillée...

Tout va s'enchaîner très vite. Comme à l'entraînement, le gendarme B. jette un rapide coup d'œil dans la pièce. Il est sûr qu'elle est vide, puisqu'il entend le dialogue surréaliste échangé dans l'autre pièce entre le chasseur d'envahisseurs et ses camarades de la deuxième équipe.

Comme dans un film d'épouvante, le gendarme B. voit défiler devant ses yeux le montant bas de la fenêtre, au-delà, la pièce sombre, et, à deux mètres de lui... le canon du riot-gun pointé sur sa tête...

Dans un effort désespéré, B. se jette en arrière... Il est rattrapé par un ouragan de feu et de gros plombs, calibre 4.

Le gendarme B. voit la mort en face.

La violence du choc est inouïe. Il est projeté à trois mètres. Horrible choc... Horrible. Dans la tête du gendarme du GIGN une image surgit un instant : la percussion lorsqu'il avait traversé un pare-brise de la tête... C'était deux ans auparavant, lors d'une intervention. Le choc avait été également d'une grande intensité...

Mais là, tandis qu'il est projeté en arrière par le formidable impact de la cartouche calibre 12, il a l'impression que c'est chaque parcelle de son corps qui explose : sa tête explose sous son casque lourd, son corps explose, et puis soudain, brutalement, la douleur, une douleur qui s'insinue par cent mille ramifications dans chaque alvéole du corps.

Le gendarme du GIGN tombe lourdement sur le sol gazonné.

Depuis deux secondes, la mort l'a frappé en face... Mais grâce à son équipement, il est encore en vie. L'entraînement sévère du GIGN lui insuffle les gestes qu'il doit faire.

Devant ses camarades médusés, et malgré la violence du choc à assommer un bœuf, le gendarme rampe... il rampe vite, il faut se mettre à l'abri d'un deuxième coup de riot-gun... Un incroyable réflexe de survie l'éloigne de la zone dangereuse.

Le voici à l'abri. L'adjudant se précipite pour l'aider. Dans la tête du gendarme blessé, une obsession brutale, une priorité absolue : enlever le casque, le casque qui lui a sauvé la vie mais qui l'enserre, qui l'étouffe psychologiquement.

Le gendarme n'a pas retrouvé ses esprits et ses réflexes. Il sait simplement qu'il veut « enlever ce truc » mais il ne sait plus défaire les lanières de sécurité. Le casque - il ne le voit pas encore - a été enfoncé par le coup de feu. La partie supérieure présente un creux au point de l'impact et appuie sur la partie supérieure du front et sur la joue gauche.

Il y a maintenant vingt secondes que le gendarme B. a été touché.

L'adjudant est à ses côtés et, comme dans un film au ralenti, une à une il défait les sangles de sécurité qui maintiennent solidement le casque sur la tête et au-dessus du gros gilet pare-balles. La tête apparaît... Déjà tuméfiée, elle grossit à vue d'œil :

- Ça va aller, vieux, tu n'as rien...

L'adjudant rassure. Par radio, le capitaine Carmichaël a déjà demandé le toubib.

Pourquoi ? Quelle est l'erreur ? Ces deux questions martèlent l'esprit du gendarme. Il a certainement commis une erreur puisqu'il a reçu un coup de fusil en plein visage. Mais il veut comprendre pourquoi.

Pourquoi, alors que le forcené parlait dans l'autre pièce, s'est-il retrouvé nez à nez avec son fusil ? C'est impossible ! incroyable ! Il veut savoir...

Au prix d'un effort surhumain, le gendarme se relève.

De l'autre côté de la maison, ses camarades ont mis à profit le coup de feu et l'agitation qui a distrait l'attention de Marcel B. pour pénétrer dans le petit salon de télé.

Le chef D. et son équipier P. sont dans la pièce. P. se cache derrière un canapé malgré son lourd harnachement. Le chef D. se place face à la porte par laquelle le forcené revient déjà, fusil braqué devant lui.

La lourde silhouette du chef D. se détache devant la fenêtre ouverte...

Le forcené, Marcel B., épaule, le gendarme P. bondit de sa cachette et d'un coup de karaté frappe le riot-gun... Le coup part et arrache une auréole de mur à cinquante centimètres de la tête du chef D.

En une seconde, le forcené est désarmé et plaqué au sol. Son fusil est déjà désapprovisionné et passé à l'extérieur. Dans l'encadrement de la fenêtre apparaît alors la silhouette du gendarme B. :

- Mais comment a-t-il fait pour me dégommer ?

- C'est simple. Il était à la porte entre les deux pièces, il parlait, la tête dirigée vers nous, et tu as cru qu'il était ici, dans cette pièce. En fait, il avait le canon de son fusil dirigé dans l'autre pièce, vers la fenêtre où tu as passé la tête. Il n'a eu qu'à appuyer sur la détente...

Le gendarme est presque soulagé. Les explications de ses camarades ont résolu le « mystère de la chambre jaune ». Une étrange sensation de calme l'envahit. Il n'a aucune rancune contre celui qui a voulu le tuer à bout portant.

- Je suis venu le voir pour comprendre mon erreur, mais aussi pour le rassurer : il n'avait pas tué un gendarme... à son regard, je l'ai vu soulagé. Il redescendait sur terre, plutôt content de voir de vrais gendarmes autour de lui, et pas les "envahisseurs" de ses fantasmes.

Soutenu par le médecin, le gendarme sera rapatrié par avion. Le pilote prendra des risques en raison du mauvais temps en passant sous les nuages, en radada (rase-mottes). Secoué, le gendarme aura plus d'une fois le cœur au bord des lèvres. Sa femme, en vacances, ne sera pas prévenue. Il la rejoindra quinze jours plus tard, avec un visage presque normal.

Près des voitures de gendarmerie, le chef S. de la brigade territoriale s'inquiète du sort de son képi, auprès du gendarme du GIGN qui le lui a emprunté :

- T'as pas vu mon képi ?

Alors, sortant de derrière son dos un infâme détritus haché menu par le riot-gun du forcené, le gendarme du GIGN, avec un large sourire, tend les restes innommables du noble couvre-chef à son propriétaire :

- Dis donc, j'espère que tes enfants aiment jouer au puzzle !

Le gendarme du GIGN, plié en deux, n'est pas près d'oublier la tête de son collègue de la territoriale, ni l'éclat de rire général de tous les gendarmes...

10

FUSILLADE DANS LES MARAIS

Pour la troisième fois, la Renault 11 s'arrête devant le Crédit Agricole de Longpré-les-Corps-Saints, à quinze kilomètres d'Amiens, dans la Somme.

À son bord, quatre hommes en civil : des gendarmes. Ils savent qu'un hold-up avec prise d'otages aura lieu dans deux jours.

Le gendarme OPJ de la brigade de recherche est sûr de lui :

- Je connais bien mon informateur. C'est du solide.

- Oui, réplique le lieutenant Picon, mais nous ne sommes pas sûrs du trajet de fuite.

- C'est vrai, mon lieutenant. Mais je vous assure qu'il est très probable qu'ils prendront la route des marais... Ils ont là-bas un chalet de pêche très isolé. Ils ont l'intention de s'y arrêter pour partager le butin.

- Bon, on va prévoir des barrages partout, mais on va renforcer ceux qui seront sur cette route... Allez, arrêtez-vous ici, on va s'installer en terrasse pour observer les lieux.

Doucement, la R11 banalisée s'arrête contre un trottoir de la place. Les quatre hommes s'installent face à la banque.

Dans leur dos, la mairie. À leur droite, la route de fuite prévue par les malfaiteurs... si l'informateur dit vrai...

Devant les gendarmes en civil qui ressemblent à de paisibles consommateurs, la petite ville vit tranquillement. Des voitures passent, des mères de famille font leurs courses, des retraités devisent sur les trottoirs.

- Impossible d'intervenir ici, dit le lieutenant, il y a trop de risques... Nous les laisserons partir pour les interpeller à l'extérieur de la ville. Sinon ce sera un massacre...

Nous sommes le 17 novembre 1986 à 11 heures. Le capitaine Carmichaël, qui rentre d'un stage de plongée sous-marine à Saint-Mandrier, va hériter du commandement de cette affaire en l'absence du patron du GIGN, le capitaine Legorjus, en visite dans une unité spéciale aux États-Unis.

Le GIGN a donc quarante-huit heures pour préparer cette opération exceptionnellement dangereuse : l'interception de plusieurs gangsters armés et déterminés à prendre des otages, si leur hold-up tourne mal.

L'adjudant Malfatti fait partie de l'équipe de reconnaissance avec les chefs C. et G.

- Mon lieutenant, il y a cinq autres itinéraires possibles de fuite... ça ne va pas être simple de les coincer.

- On verra bien... Mais je peux vous dire qu'on va mettre le paquet sur cette affaire... Toute la Gendarmerie nationale du département sera mobilisée et renforcée... Il faut espérer que les renseignements sont bons... Allez, il n'y a plus qu'à prendre les dispositions nécessaires et à attendre le jour J.

Le jour J... Le 19 novembre 1986, le GIGN arrive discrètement à Amiens. Il est 6 heures du matin. Pour éviter tout mouvement suspect, les gendarmes du GIGN et de la départementale roulent séparés par de longues distances. Si les gangsters croisent une voiture de gendarmerie sur la route, cela leur paraîtra normal... mais des véhicules en convoi...

Face à la banque, de l'autre côté de la place, il y a la mairie.

Deux voitures banalisées du GIGN et une moto arrivent en pleine nuit. Le capitaine Carmichaël, l'adjudant Malfatti, un OPJ territorialement compétent constituent l'équipe d'observation. Elle est renforcée par plusieurs équipes de poursuite. L'une est dirigée par le lieutenant Picon, une autre composée de deux gendarmes utilisera une moto civile. Une troisième voiture break CX, avec à son bord le médecin Kalfon et son matériel de premier secours en cas de casse, est également positionnée dans un endroit discret.

- Qu'est-ce que vous faites là ?

Les huit gendarmes en civil, qui viennent de descendre de leurs deux voitures derrière la mairie, sursautent. Un civil, un employé de la mairie, juge cet attroupement suspect à 6 heures du matin :

- Gendarmerie nationale, nous sommes en inspection...

Le quidam, rassuré, repart dans la nuit en bredouillant :

241

- Excusez-moi... j'avais cru... il y a tellement de cambriolages...

Les gendarmes sont maintenant dans la mairie - on leur a donné la clé de la porte arrière. L'équipe d'intervention va rester au bas d'un escalier, juste derrière la porte, à dix mètres des deux R11 banalisées.

L'équipe d'observation monte au premier. Depuis une fenêtre soigneusement repérée, elle a vue directe sur la banque située en face, à une soixantaine de mètres. Derrière les rideaux, la vue est parfaite.

Aux côtés du capitaine Carmichaël, l'adjudant Malfatti est confiant. Il connaît bien le gendarme X, l'OPJ qui est là pour assurer la stricte légalité de l'intervention. Ils ont vécu ensemble une arrestation de truands qui les fait toujours rire...

Avec le capitaine Carmichaël et le lieutenant Picon, ils devaient arrêter deux truands dont ils connaissaient la planque. Déguisés en éboueurs, ils s'étaient rapprochés de l'appartement dont ils avaient réussi à se procurer la clé. À un geste de l'officier, la clé avait lentement tourné dans la serrure, la porte s'était brutalement ouverte sur une petite pièce, où l'un des deux truands en cavale... se masturbait devant la photo d'une fille nue dans un magazine... La tête du truand, « arme à la main », reste pour eux l'un de ces souvenirs insolites qui ne peuvent pas s'inventer...

Dans la pièce de la mairie au plafond haut, tous les portraits des présidents de la République regardent les gendarmes... Il est 7 heures du matin. Il fait encore nuit. Une Thermos de café circule. Sur la place, les premiers piétons partent au travail.

Le capitaine Carmichaël descend de temps à autre vers la seconde équipe, postée au bas des escaliers :

- Vous croyez qu'ils vont venir, mon capitaine ?

- C'est très probable, l'informateur est sérieux.

- En tout cas, on est prêts !

- Ouais, il y a même un hélicoptère !

Lentement les heures s'égrènent au clocher du beffroi.

8 heures... 9 heures... C'est l'heure de l'ouverture de la banque.

À partir de maintenant, tout est possible.

Au premier étage, le capitaine Carmichaël et l'adjudant Malfatti se passent tour à tour les jumelles. Dès qu'une voiture arrive sur la place ses occupants sont dévisagés à leur insu... Mais rien... 9 h 30... 10 heures...

- Ils ne viendront plus... Ils ont dû flairer quelque chose ! dit un gendarme.

- De toute façon, renchérit un autre, les hold-up c'est à l'ouverture de la banque, or il est 10 heures.

- Tout le monde reste à son poste, ordonne le capitaine Carmichaël, tout est encore possible !

10 h 20. Soudain, une grosse R30 grise apparaît. Elle roule lentement. Il y a trois hommes à bord.

- C'est eux ! s'exclame l'OPJ qui reconnaît l'un des truands à la jumelle. Ils ont mis des fausses moustaches et des lunettes !

La voiture tourne une première fois autour de la place. Les trois hommes à l'intérieur regardent intensément, mais ils n'aperçoivent rien de suspect.

Au deuxième tour de la place, la voiture s'arrête devant le Crédit Agricole. Calmement deux hommes descendent, les mains dans les poches. Le troisième homme reste au volant. Dans ses jumelles, l'officier du GIGN voit des mains se lever. Les deux clients qui étaient dans la banque sont poussés sans violence dans un coin et échappent maintenant à sa vue à travers la porte vitrée.

- Allez, lieutenant, déclenchez le plan Épervier ! ordonne le capitaine Carmichaël.

Le lieutenant Picon saisit son poste de radio :

- Attention, ici Autorité Alpha, mise en place du plan Épervier. Je répète, mise en place immédiate du plan Épervier !

Dans un rayon de dix kilomètres, une centaine de gendarmes répartis sur une douzaine de barrages s'activent soudainement. Des herses sont disposées, des mitraillettes sorties, des gilets pare-balles rapidement enfilés. Dans la mairie, le lieutenant Picon et ses gendarmes mettent leur tenue de choc : gilet pare-balles, casque anti-balles à visière épaisse. Les armes sont vérifiées en trois secondes.

- Attention, ils sortent !

À soixante mètres, le capitaine Carmichaël voit ressortir du Crédit Agricole les deux gangsters. Le hold-up est terminé : il n'y a pas eu prise d'otages ni fusillade. On ne sait pas encore ce qui s'est passé dans la banque, mais a priori - ce sera confirmé plus tard - il n'y a pas eu de violences. Calmement, les deux gangsters ferment à clé la porte vitrée de la banque, afin d'empêcher toute poursuite. Une clé récupérée sous la menace auprès du directeur. Les deux truands montent tranquillement dans la R30 où les attend leur complice, qui démarre normalement. Des professionnels aux nerfs solides !

- C'est parti !

Derrière la mairie, les deux équipes de poursuite, celle du capitaine Carmichaël et celle du lieutenant Picon, montent rapidement dans les deux R11 banalisées :

- Laissez-leur du champ... ne les collez pas !

Les ordres du capitaine Carmichaël sont clairs : pas question d'affoler les trois gangsters. Ils sont en tension maximum, et le moindre képi pourrait déclencher un massacre !

Le premier à démarrer, c'est Carmichaël. Le capitaine n'a pas de casque anti-balles. Il ne veut pas donner l'éveil aux gangsters lorsqu'ils apercevront sa R11 dans leur rétroviseur.

La R11 de l'officier accélère. Elle est suivie par la seconde R11 dirigée par le lieutenant Picon.

Dans cette deuxième voiture, le gendarme E. et l'adjudant Malfatti sont entièrement équipés. À l'arrière, ils n'entendent rien, car leurs casques anti-balles filtrent tous les bruits. Mais ils voient parfaitement la poursuite qui commence. Malfatti a sorti son 387 qu'il pose sur ses genoux. Le gendarme E. tient fermement son fusil à pompe.

Là-bas, à deux cents mètres, ils aperçoivent la voiture des truands. Leur R30 roule tranquillement. Ils s'arrêtent même à un stop et mettent leur clignotant pour s'engager sur la route des marais.

- C'est gagné ! Ils vont se jeter sur nos barrages renforcés comme prévu !

Le capitaine Carmichaël est soulagé de constater que son dispositif a été judicieusement placé : certes, la gendarmerie a barré toutes les routes, mais seuls les deux barrages de la route des marais sont renforcés par ses hommes. S'il faut tirer, ce sera à coup sûr...

Petit à petit, les deux R11 se rapprochent de la R30. Pas de risque de se faire repérer, elles sont à plus de cent mètres de la voiture des trois gangsters. Il y a toujours un peu de circulation sur la route des marais, et si les gangsters surveillent leurs arrières, la présence lointaine des deux R11 banalisées, qui avancent à allure normale, ne devrait pas les inquiéter...

Tout à coup :

- Merde ! ils nous ont repérés !

C'est du moins ce que croit dans un premier temps le lieutenant Picon... Car, là-bas, à plus de cent mètres, la R30 a brutalement accéléré. Il se passe quelque chose :

- Accélérez, collez-leur au train !

Les deux R11 bondissent à leur tour. Dans un virage, sur le côté de la route, une 504 gendarmerie, très mal dissimulée, et derrière... stupeur... des gendarmes avec mitraillettes et gilets pare-balles !

- Ah ! les cons ! Ils se sont fait repérer ! Allez, allez ! il faut les rattraper avant le premier barrage !

Pied à fond sur l'accélérateur, le gendarme fait bondir sa R11 qui jouait jusqu'à présent à la voiture promeneuse. Derrière, la deuxième R11 de ses collègues accélère à fond également. On passe d'un tranquille 70 à plus de 130 km/h...

Tout va très vite. Dans la voiture des gangsters, les armes sont sorties. Des automatiques de gros calibre, du 11,43, l'arme des truands, sans doute parce qu'on en trouvait à foison, après la Deuxième Guerre, à Marseille comme dans les bars de Pigalle.

- La herse, putain ! la herse !

Dans la voiture des gangsters c'est l'affolement... Comme ils s'en doutaient après avoir repéré la 504, d'autres gendarmes ne sont pas loin...

Voici le premier barrage de gendarmerie. Une herse aux pointes acérées barre toute la largeur de la petite route des marais. De part et d'autre, les gangsters aperçoivent des gendarmes avec leurs gilets pare-balles...

Des barrages renforcés par huit hommes du GIGN : le gendarme G. est de ceux-là. Il voit la R30 foncer sur le barrage... Il se détache un instant, épaule, et tire au riot-gun, une cartouche calibre 12 magnum à neuf grains, sur la roue avant gauche de la R30, celle qui est de son côté... La détonation est énorme. Dans l'instant, un second gendarme du GIGN tire une cartouche de 44 magnum dans le moteur. Une longue flamme souligne une détonation impressionnante.

La voiture des gangsters dérape... une longue glissade... elle percute une CX de gendarmerie placée en travers qui la stoppe brusquement.

Deux secondes plus tard, la R11 du capitaine Carmichaël arrive et stoppe : deux pneus crevés. Elle aussi est passée sur la herse, que les gendarmes n'ont pas eu le temps de retirer entre les deux voitures !

- Attention, ils vont tirer !

Un adjudant de la territoriale a vu briller les armes dans les mains des gangsters, descendus de leur véhicule.

La R11 de poursuite du capitaine Carmichaël est prise sous le feu des gangsters. La deuxième R11 arrive immédiatement en renfort et s'arrête à son tour.

L'un des gangsters, accroupi derrière la R30, tire... Son 11,43 aboie avec de courtes flammes soulignées par de violentes détonations. Les deux autres truands tirent à leur tour sur les gendarmes... qui répliquent.

Sous son casque anti-balles, l'adjudant Malfatti, depuis la deuxième R11, n'entend pas les détonations, mais il voit la fusillade comme dans un film muet ! Dans la première R11, le 357 magnum à la main, le capitaine Carmichaël n'a pas le temps d'esquisser un geste. Il est allumé par le gangster en position de tir, genoux pliés. Le pare-brise explose. Une violente secousse, un formidable coup de poing le frappe alors que sa voiture vient de s'immobiliser près de la R30 des truands.

Machinalement le capitaine Carmichaël se touche le visage... et il voit gicler son sang comme si un tuyau d'arrosage s'était ouvert à la base de son cou ! La carotide est touchée... Carmichaël à moitié sonné ouvre la portière, couvert par ses hommes.

Sous son casque anti-balles, l'adjudant Malfatti voit son officier marcher vers lui en se tenant le cou.

Deux minutes plus tard, le médecin Kalfon est auprès du capitaine Carmichaël. Il l'adosse à l'arrière de la voiture... Point de compression sur la carotide. Pendant que les balles sifflent autour de lui, le médecin détaché auprès du GIGN va faire les gestes essentiels qui permettront de sauver l'officier, qui perd son sang en abondance.

Petit à petit, le capitaine sombre dans un monde ouaté, où les sons lui parviennent comme filtrés et où les actions se déroulent au ralenti. Masque à oxygène sur le visage, il va bientôt être évacué par les pompiers en urgence vers l'hôpital d'Amiens où une infirmière lui demandera sans cesse, pour le tenir éveillé : « Mon capitaine, quelle est votre religion ? »

Pour l'adjudant Malfatti son capitaine n'est pas sérieusement blessé. Il pense un instant qu'il s'est simplement coupé avec un éclat de verre du pare-brise...

La fusillade intense fait reculer les gangsters. Ils ne comprennent pas pourquoi les gendarmes tirent si mal... Ils ne se doutent pas que les tirs du GIGN sont volontairement ajustés au-dessus de leurs têtes. S'ils l'avaient voulu, en parfait état de légitime défense, les gendarmes du GIGN auraient abattu les trois hommes.

Revolver en avant, l'adjudant Malfatti et le gendarme E. arrivent les premiers sur la R30... Mais les trois gangsters viennent de prendre la fuite derrière la haie.

Un instant de silence... Puis des ordres. L'adjudant Malfatti hurle :

- Mon équipe, avec moi !

Six hommes, armes à la main, se précipitent. Rassemblement en six secondes. Malfatti fait un signe de la main, bien connu des commandos : « en avant ! » Il franchit la haie le premier, le museau noir de son 357 en tête chercheuse. Bien qu'équipés de leur casque lourd anti-balles et de leur gilet pare-balles, les hommes du GIGN font preuve d'une étonnante souplesse !

- Là-bas !

L'index pointé, un gendarme du GIGN désigne une silhouette qui vient de s'accroupir derrière un éventail de roseaux.

Malfatti fonce... et disparaît dans un trou d'eau ! Cette fois, lorsqu'il remonte, il a vraiment l'air d'un lourd scaphandrier.

Avec le gendarme A. à sa droite, Malfatti reprend sa course :

- Là ! fais gaffe, il nous canarde ! ...

Un quart de tour de tête pour suivre la direction du doigt, et l'adjudant voit - mais n'entend pas sous le casque lourd - l'un des trois gangsters lui tirer dessus ! L'homme est à genoux à dix mètres. Les deux gendarmes bondissent de côté pour ne pas faire cible unique.

- Halte, gendarmerie ! Rends-toi !

Pour toute réponse le gangster tire. Situation étrange. Une fois de plus l'adjudant Malfatti voit la flamme du départ du coup de feu qui le vise mais n'entend rien, complètement isolé du bruit des détonations, alors qu'il entend les voix.

En une fraction de seconde, l'adjudant tire à l'épaule du gangster... Le gangster est touché mais reste l'arme en avant. En état second, le gangster conserve son agressivité malgré une balle de 357 dans l'épaule ! Le gendarme V. tire à son tour une cartouche dans l'épaule du gangster... qui accuse le choc mais se relève, fonce sur les gendarmes en courant et leur jette au visage son arme vide de cartouches.

- Arrête tes conneries, c'est terminé pour toi !

L'adjudant pointe fermement son arme vers le gangster, tombé à genoux près des deux gendarmes, et... fouillant dans sa ceinture pour y prendre « quelque chose ». Le gendarme fonce sur lui et les deux pieds en avant le « sèche » pour éviter d'avoir à tirer une troisième balle qui pourrait le tuer.

Toute l'éthique du GIGN est dans cette action : neutraliser, sans tuer, au pire blesser, même lorsqu'on est mille fois en état de légitime défense.

L'homme est menotté et fouillé : il portait un holster à la ceinture, mais sa deuxième arme a été perdue lors du saut de haies.

Rapidement, le gangster revient à lui. Son agressivité a fait place à un défaitisme exagéré :

- Achevez-moi ! Tirez-moi une balle dans la tête ! J'ai tout raté...

- Arrête tes conneries, tu vas être soigné à l'hôpital, tes blessures ne sont pas graves, tu vas t'en tirer sans problèmes.

- Où sont tes complices ? demande l'adjudant Malfatti.

L'homme se contente de baisser la tête sans rien dire.

- On n'en tirera rien, mon adjudant ! ...

Le blessé est confié aux gendarmes de la territoriale venus en renfort... et la course-poursuite de l'équipe Malfatti reprend immédiatement pour récupérer les deux autres gangsters. Là-haut, dans le ciel, on entend soudain le flop-flop de l'hélicoptère de gendarmerie venu épauler les équipes au sol. L'adjudant Malfatti et les gendarmes E., V. et A. continuent la poursuite. Ils rejoignent le lieutenant Picon.

Étrange spectacle que ces marais où se meuvent avec rapidité des sortes de cosmonautes à scaphandre de couleur noire. Soudain, là, derrière une touffe de roseaux, un homme se dresse et lève les mains :

- Ne tirez pas !

Cinq gueules de canon se pointent sur lui. Le tableau est impressionnant. Ces hommes casqués en gilets pare-balles, ces cinq silhouettes noires massives qui se détachent sur le marais vert ne laissent aucun doute sur leur professionnalisme et leur détermination.

- Ne bouge pas !

- Mais je n'y suis pour rien, moi, dans tout ça ! Ils m'ont pris en auto-stop !

Le gars ne manque pas d'air, d'autant que l'un des gendarmes reconnaît celui qui a tiré sur eux au moment de leur interception !

Le lieutenant Picon ne répond même pas. Il se contente de passer les menottes au deuxième gangster, qui n'oppose pas la moindre résistance. Normal, pour un auto-stoppeur !

Au-dessus de leur tête, l'hélicoptère de la gendarmerie décrit de larges cercles pour retrouver le troisième homme.

Là-bas, sur la route des marais, les premiers cars de la gendarmerie mobile arrivent pour boucler complètement le secteur.

Mais le troisième gangster reste introuvable. Tous les hommes du GIGN vont ratisser les marais pendant deux heures. En vain ! L'hélico ne signale rien. Les hommes du GIGN commencent à avoir froid à force de marcher dans l'eau saumâtre qui jaillit d'entre les touffes d'ajoncs. Intérieurement, le lieutenant Picon rigole. Il étrennait une superbe paire de chaussures de sport blanches. Il avait même été chagriné, un peu plus tôt dans la matinée, lorsqu'il avait constaté une petite tache de terre qu'il avait vigoureusement frottée. Les belles chaussures blanches sont maintenant noires de la boue des marais... C'est sa femme qui va être contente... Elle les avait amoureusement achetées la veille...

- Repli général sur la base départ...

L'ordre radio est reçu par tous. Le rassemblement s'opère autour des voitures encore en travers. Sur l'herbe verte, les traces de dérapage sont bien visibles. Plus visible encore, une longue traînée de sang, celle du capitaine Carmichaël, gravement blessé à la carotide, et qui n'a dû sa vie sauve qu'à la présence immédiate du médecin Kalfon. Le capitaine du GIGN, évacué par hélicoptère vers Paris, s'en sortira vivant. Mais il garde un souvenir cauchemardesque de cette évacuation : allongé sur une civière, nauséeux puis vomissant tripes et boyaux, il bougera tellement qu'il gênera même le pilotage !

En raison de sa blessure, le capitaine Carmichaël quittera le GIGN en septembre 1987 mais restera dans la gendarmerie. La balle qui lui a tranché la carotide est toujours à la base de son nez en 1995 ! « Au procès, me dira le capitaine - devenu entre-temps commandant - je n'en ai même pas voulu au truand qui a voulu me tuer. »

253

- Mais où est passé le troisième mec ?

Personne ne peut répondre à la question que tout le monde se pose... Le GIGN va rentrer au bercail dans la soirée. La Gendarmerie nationale prend le relais des recherches et des barrages.

Deux jours plus tard, le 20 novembre 1986 à 21 heures, près d'Amiens, un signal d'alarme retentit dans une grande maison bourgeoise dont les propriétaires sont absents. Pas de doute, c'est notre troisième gangster qui s'y est réfugié. Branle-bas de combat au GIGN qui arrive deux heures après, vers minuit, pour arrêter le troisième homme.

Armes à la main, sans autre éclairage que leurs lampes torches, les hommes du GIGN vont fouiller chaque pièce, chaque cave, chaque grenier !

Pendant deux heures, le lieutenant Picon et ses hommes vont faire leur devoir lors d'une action qu'ils redoutent tous : la fouille de pièces dont ils ne connaissent pas la disposition, dans une vaste demeure inconnue, de nuit, avec à chaque seconde la mort qui peut surgir, malgré leur équipement.

Sale boulot. Sale mission. Sale décor... et finalement rien.

La décompression, un certain soulagement et le retour à la caserne du GIGN...

Le lendemain, le troisième gangster sera arrêté par la gendarmerie départementale, alors qu'il tente de se réfugier chez des complices.

Dans le rapport confidentiel écrit par le capitaine Legorjus et adressé à la direction de la Gendarmerie nationale, on peut lire cette phrase : « Le courage et le sang-froid de Malfatti et de A. sont dignes des plus hauts faits d'armes. »

- Mais pour nous, me dira Malfatti, c'était la routine. On a eu la chance d'être là au moment opportun. On a fait notre travail. Cela aurait pu être n'importe quel autre gendarme du GIGN...

Admirable modestie.

11

SEPT GENDARMES AU TAPIS

Putain de téléphone !

À 9 heures du matin l'adjudant Malfatti se réveille en sursaut. 9 heures, c'est la grasse matinée pour les civils. Mais lui est militaire. Au GIGN. Et il vient à peine de se coucher, après une mission éclair à Aix-en-Provence où il devait « serrer » un dangereux trafiquant de drogue... Mais le gars n'était pas au rendez-vous... Retour sur Paris. Coucher à 5 heures, et maintenant le téléphone qui sonne.

Nous sommes le 9 décembre 1986.

- Adjudant Malfatti.

- Magne-toi le train ! il y a une grosse affaire... Alerte générale !

- C'est quoi ?

- Un gusse qui tire sur tout le monde, près de Dinard. Il y a déjà quatre collègues au tapis.

- Tués ?

- Non, mais sérieusement blessés à la chevrotine.

- J'arrive.

Au GIGN l'adjudant Malfatti fait partie des meilleurs éléments. Son calme et son expérience exceptionnelle au feu le font apprécier des hommes de son groupe comme de ses chefs.

Rapidement, sans gestes inutiles, le détachement commandé par le capitaine Legorjus et le lieutenant Picon est prêt. À 11 h 15, un Transal de l'armée de l'Air décolle pour Dinard où il atterrit à 12 h 04. Un hélico attend, rotor en mouvement.

Le capitaine Legorjus fait un geste :

- Allez, on y va.

Le lieutenant Picon et l'adjudant Malfatti montent à bord de l'Alouette-III de la gendarmerie de Rennes. Le pilote tend un casque au capitaine :

- Le commandant de groupement veut vous parler.

- Ici capitaine Legorjus.

- Bonjour capitaine, colonel X, on vous attend...

- Quelle est la situation ?

- Nous avons affaire à un homme de cinquante-deux ans qui a basculé dans la folie. Il tire sur tout ce qui bouge. Quatre gendarmes ont été blessés à la chevrotine. Nous avons sur place une équipe légère d'intervention et ça tire pas mal. Mais le gars n'a pas été blessé, il se défend farouchement.

- Bon, on va voir tout ça sur place.

Sous l'hélicoptère qui fonce à 220 km/h, le paysage verdoyant défile. Beaucoup de petits champs cernés par des haies bordant des chemins creux. Çà et là une ferme, un troupeau de vaches, un fermier sur

260

son tracteur. Un paysage bucolique qui fait un bien mauvais décor pour la folie meurtrière d'un homme...

Six minutes plus tard, l'hélico survole Saint-Brolandre, où la gendarmerie territoriale a aménagé un terrain d'atterrissage de fortune dans un champ bordé de haies. Bocage normand, ou breton ? On est en fait en Bretagne, mais à la limite des deux régions.

La nature a oublié la géographie administrative, en mariant harmonieusement les chemins creux de la Bretagne profonde aux prémices du bocage normand. Les trois chefs du GIGN apprécient d'un coup d'œil la situation : une ferme où le forcené est retranché.

Derrière plusieurs haies, des groupes de gendarmes, par deux ou trois, tirent de courtes rafales que le bruit de l'hélico couvre de son flop-flop. Ça court, ça bouge beaucoup... sentiment irréel de guérilla.

Tenant leurs képis, plusieurs officiers attendent que le souffle de l'Alouette s'apaise pour s'approcher. La légère porte bombée en Plexiglas se déploie comme l'élytre d'un hanneton.

Trois hommes en noir sautent en souplesse de l'hélico. Saluts réglementaires. Le bruit de la turbine s'essouffle progressivement.

Il est 12 h 12.

À peine le temps d'échanger quelques phrases qui confirment la conversation radio et deux puissants coups de feu au calibre 12. Ça tousse fort, le calibre 12, dans la campagne verdoyante. Aussitôt, l'aboiement rageur de plusieurs Famas (fusil-mitrailleur d'assaut) lui répond. Ce sont les gendarmes de l'ÉLI (Équipe légère d'Intervention). Des gendarmes bien entraînés à ce type de situation et qui rendent coup pour coup pour empêcher toute nouvelle bavure. Quatre des leurs sont déjà au tapis. Ça fait beaucoup !

- Bon Dieu ! Il faut arrêter tout ça ! Qui tire sur qui ?

Le capitaine Legorjus fonce de haie en petite maison isolée pour se rapprocher de la ferme du forcené.

Au hasard d'un chemin creux, il enjambe des gendarmes qui tirent au jugé sur la façade de la maison. Le forcené réplique en courant d'une fenêtre à l'autre. Il sort même dans sa cour et bondit d'une carcasse de voiture à un éboulis avec une étonnante agilité. Sans doute l'état second...

Deux silhouettes de gendarmes mobiles, Famas à la main, s'approchent de la cour par bonds successifs tout en tirant coup par coup pour couvrir leur progression.

B., le forcené, les a vus. Il se dresse une demi-seconde au-dessus de la carcasse de voiture, épaule, tire simultanément ses deux cartouches. Le recul de l'arme le projette en arrière... mais à trente mètres, les deux gendarmes ont morflé : sur leurs uniformes, de larges taches de sang.

- Halte au feu ! crie Legorjus.

Mais la fusillade intense redouble et couvre sa voix !

Là-bas, à cinquante mètres, il voit l'évacuation délicate des blessés, portés vigoureusement par leurs camarades tandis que d'autres gendarmes tirent de courtes rafales pour couvrir le sauvetage. Six gendarmes sérieusement blessés à la chevrotine !

Il faut absolument arrêter tout ça, pense Legorjus en revenant à petites foulées vers le groupe d'officiers commandant le détachement. Mais comment...

Pendant ce temps, l'adjudant Malfatti a progressé de l'autre côté de la ferme. La fusillade s'est brusquement arrêtée. Malfatti est à trente mètres du bâtiment. Fidèle à la technique du GIGN, il veut comprendre la disposition des lieux pour une intervention efficace.

La cour est là, d'où sont partis les coups de feu du forcené. La façade de la ferme porte la trace de nombreux impacts de balles.

Mais où est le forcené ?

Soudain, là, un homme. Un homme sans arme dans la cour ! Incroyable. Mais qui c'est, ce type ? Un otage ? On ne lui a pas parlé de prise d'otages !

L'homme a la cinquantaine, il est un tantinet rondouillard. Il ressemble fichtrement au portrait du forcené. Mais bon sang, il n'a pas d'arme !

Malfatti revient à son tour vers un officier de la territoriale. Dialogue. Bien sûr, c'était lui !

Le forcené, après l'intense fusillade, s'est promené tranquillement dans la cour de sa ferme sans son fusil !

Ce type est incroyable, il a déjà blessé gravement six gendarmes, tiré une trentaine de chevrotines et il se balade en salopette bleue, les manches retroussées, comme s'il allait chercher des pommes de terre au cellier !

L'adjudant revient à son poste d'observation. Il a « logé » le type. S'il repasse dans les mêmes conditions, il lui sautera dessus et le neutralisera à mains nues.

Justement, le forcené est à nouveau là... Mais cette fois il sort de sa maison fusil à la main, prêt à tirer. Malfatti empoigne son talkie :

- Jean-Pierre !

Jean-Pierre, c'est le lieutenant Picon.

Une solide amitié, fortifiée aux dangers que la mort jette au hasard de leurs missions, lie les deux hommes.

- Je te reçois !

Le haut-parleur grésille.

- Qu'est-ce qui se passe ?

- Je vois le type !

Il traverse la route devant la ferme et se dirige vers la haie. Le capitaine Legorjus est prévenu dans l'instant. Il fonce à l'hélico. Il fait tourner sa main droite au-dessus de sa tête. Le pilote a pigé. Il met en route et ouvre les gaz en grand. Les lourdes pales commencent à brasser l'air... le capitaine saute à bord pouce levé.

Au sol, le lieutenant Picon et l'adjudant Malfatti suivent le forcené à une vingtaine de mètres, pliés en deux derrière une haie.

Le gars ne les a pas aperçus. Mais il est sur ses gardes. Penché en avant, fusil dirigé devant lui, il s'arrête soudain. Il regarde derrière lui. Les deux hommes du GIGN se figent. Le forcené n'a rien vu. Ouf !

Soudain, des coups de feu. L'homme a débouché dans un chemin face à deux gendarmes mobiles qui tirent encore au Famas.

- GIGN, halte au feu ! crie l'adjudant Malfatti à ses collègues.

Il est pris dans la ligne de tir !

- Halte au feu, GIGN... Halte au feu !

Les Famas se taisent enfin, comme à regret. Miracle : personne n'est touché.

À quarante mètres, les deux gendarmes mobiles ont dégagé en plongeant derrière une haie. Mais Malfatti, en criant, s'est découvert.

B. se retourne, menaçant, fusil pointé vers l'adjudant. Coup de chance, l'hélico surgit dans le ciel et fait diversion. B. hésite, lève la tête, puis reprend sa course en pointant, sans tirer, vers la libellule de la gendarmerie de Rennes. À son bord le capitaine Legorjus embrasse l'ensemble de la situation.

Il voit l'adjudant Malfatti reprendre sa course, courbé en deux derrière une haie qui le masque à nouveau aux yeux du forcené.

Malfatti enjambe deux gendarmes mobiles couchés derrière une haie, Famas pointé vers le forcené :

- Bougez pas, les gars ! tirez pas ! GIGN, on s'en occupe...

À cent mètres d'altitude, l'hélicoptère suit la folle progression du forcené et des gendarmes du GIGN, obligés d'improviser. Pas question de réunion où l'on échange ses renseignements et ses observations pour préparer un minutieux plan d'intervention où chaque action est soupesée, évaluée...

Là-bas, une petite colline. B. la prend sur la gauche. Malfatti voit sur la droite une petite maison... Si ça se trouve, pense-t-il, il y a des habitants ! Ils peuvent devenir otages en un instant ! Voire être abattus.

Malfatti fonce vers la maison tandis que le lieutenant Picon suit le forcené... La maison est petite, blanche et fermée. Personne. Malfatti la dépasse et monte vers le sommet de la colline pour retrouver le forcené qui continue sa fuite de l'autre côté.

Sur l'autre versant, c'est la panique. B. s'enfonce, sans le savoir, dans les réserves que le commandement avait disposées à bonne distance des lieux du drame. B., suivi par le lieutenant Picon et survolé par l'hélicoptère, essuie plusieurs tirs de Famas. B. réplique d'un coup de feu qu'il tire au jugé, en courant, courbé en deux derrière l'une des multiples haies qui bordent la colline. Nouvelle rafale nourrie de Famas.

- GIGN, halte au feu ! crie le lieutenant Picon. Halte au feu !

Trop tard. Les gendarmes mobiles, cette fois, ont touché B. aux jambes. Il s'affaisse lentement. Étonné. Sur son visage, un rictus. La douleur.

Derrière lui, vers le sommet de la petite colline, un tas de bois d'un mètre cinquante. Malfatti bondit et se met à l'abri. Il a la tête qui dépasse du tas de bûches, mais B. lui tourne le dos. Il ne le voit pas.

Le forcené blessé, environné de détonations, de cris et du bruit de l'hélico qui vient de se poser à cent mètres, semble choqué et désarçonné.

Jaillissant de l'appareil, le capitaine Legorjus, arme au poing, avance à découvert. B. ne l'a pas encore vu ! Il faut absolument détourner l'attention du forcené, sinon il va flinguer le capitaine du GIGN.

L'adjudant Malfatti se dresse par-dessus le tas de bois :

- Allez, c'est fini ! Jette ton arme, on va te soigner, c'est rien !

266

B. se retourne. Il tient toujours fermement son fusil de chasse à deux coups. Il regarde vers le tas de bois d'où émerge l'adjudant Malfatti.

Le lieutenant Picon est de l'autre côté de la haie, à vingt mètres. Le capitaine Legorjus avance, toujours à découvert. Bon Dieu, si le forcené se tourne d'un quart, il va tirer et tuer Legorjus...

- Allez, rends-toi ! Jette ton arme, on ne te fera aucun mal, répète l'adjudant.

B. regarde fixement le gendarme. Soudain, il pointe son fusil vers la tête de l'adjudant.

Malfatti se baisse. Vite.

À travers les espaces entre les bûches, il voit le forcené épauler, tirer droit vers lui...

Des milliards de poignards s'enfoncent brutalement dans le crâne et le visage de l'adjudant. À travers les interstices du tas de bois, la gerbe de plomb l'a frappé en plein visage ! Tout s'éteint. C'est la nuit. Un liquide chaud et visqueux coule dans le cou de Malfatti. Des milliers de picotements succèdent aux poignards. « Je n'ai rien entendu. Rien. J'ai senti le formidable choc. Mais je n'ai pas entendu le coup de feu. »

Réflexes.

Malfatti remet son 357 dans l'étui. À tâtons. Et saisit sa radio :

- Jean-Pierre ! Je suis blessé !

Le lieutenant Picon rassure.

- Bouge pas, j'arrive !

Le lieutenant se découvre.

B. a rechargé son arme. Il est à cinq mètres. Picon va être tué à bout portant.

267

Le capitaine Legorjus est maintenant à quinze mètres. Il faut sauver le lieutenant. Le capitaine Legorjus tire au moment où B. fait un mouvement de rotation. La balle de 357 magnum, au lieu de lui démolir l'épaule, traverse B. de part en part. La mort. Instantanée.

De tous côtés des gendarmes arrivent Famas pointés. C'est fini. Plus de danger.

- Et Malfatti! Qu'est-ce qu'il a, mon pote? s'écrie le lieutenant Picon.

En dix enjambées il est derrière le tas de bois. Malfatti est là, assis, en sang. Il a défait son ceinturon.

- C'est rien! t'as rien!

Mais le lieutenant n'y croit guère, même s'il sait que les blessures à la tête sont spectaculaires...

- Jean-Pierre, j'y vois rien! j'y vois rien!

- Mais c'est rien, ça va aller!

Les pompiers arrivent ainsi que le médecin. Une femme. Gestes précis. Évacuation. Ambulance.

Et toujours:

- Jean-Pierre, j'y vois rien!

Obsession.

Penché sur son ami, le lieutenant comprend. Il voit la blessure à l'œil droit. Il est transpercé par un plomb. Mais l'œil gauche est intact sous le sang qui coule. Le lieutenant soulève délicatement la paupière.

- Jean-Pierre, je te vois! Je te vois!

Choc. Il voit. Il n'est pas aveugle! Sans doute quelques blessures au visage, mais rien de grave...

À la maison, Mme Malfatti ne sait rien encore. Elle avait prévu un dîner avec des copains, des commandos Hubert. Tout va être décommandé après le coup de téléphone sibyllin de l'adjudant :

- Chérie, je ne rentrerai pas ce soir ! Je suis légèrement blessé ! Mais rien de grave... Quelques petits plombs de chasse aux fesses...

Pieux mensonge.

Dans l'hélico qui le rapatrie sur Rennes, Malfatti est malade comme un chien. Il vomit. Scanner. Puis à nouveau hélico vers Paris, au Val-de-Grâce. C'est là qu'il apprendra la vérité : son œil est crevé ! Définitivement.

Deux mois plus tard il quittera le GIGN. L'adjudant Malfatti est devenu commandant en 1995. Il entraîne désormais les gendarmes mobiles. Dynamique, l'officier n'a aucune amertume. Un homme accompli dans la dure épreuve de la violence folle.

12

L'AIRBUS DE LA PEUR

Airbus A300 d'Air France, aéroport de Marseille-Marignane, 26 décembre 1994, 16 heures.

Tétanisés de peur, les cent soixante-dix passagers retiennent leur souffle. Les quatre pirates de l'air qui les gardent prisonniers ont annoncé qu'ils allaient tuer un otage dans une heure s'ils n'obtenaient pas satisfaction de leur revendication : le plein de kérosène pour aller à Paris. Trois passagers ont déjà été abattus sur l'aéroport d'Alger. Le commando islamiste est impitoyable.

Il reste soixante minutes...

Dans la tour de contrôle, le préfet de région Hubert Blanc dirige la cellule de crise. Il est rentré la veille de Paris - où il avait décidé de passer les fêtes - par avion militaire Transall, avec l'équipe du GSIGN[1] chargée d'apporter son soutien au GIGN.

---

1. Le GSIGN (Groupement de Sécurité et d'Intervention de la Gendarmerie nationale) comprend, entre autres, le GIGN et l'EPIGN (Escadron parachutiste d'Intervention de la Gendarmerie nationale). Voir à ce sujet l'encadré en fin d'ouvrage.

Aux côtés du préfet de région, le préfet de police de Marseille, Alain Géhin. Lui aussi vient de passer Noël en famille. Et le père du préfet a même offert au fils aîné de ce dernier un téléviseur caché dans un carton sous le sapin. Mais à 2 h 30 du matin de ce 25 décembre très particulier, il a été réveillé par un coup de fil de Michel Sappin, le directeur adjoint de cabinet de Charles Pasqua. « Attention, lui a-t-il expliqué : l'avion d'Air France risque de venir se poser à Marseille... Prenez toutes les dispositions nécessaires. »

Aussitôt, le préfet Géhin a convoqué ses collaborateurs. En pleine nuit de Noël. Drôles de fêtes...

Marseille, cellule de crise, 25 décembre 1994.
Le plan rouge a été préparé lors de la première réunion, à 20 heures. L'Airbus était encore à Alger. Mais tous les renseignements concordaient. Les pirates avaient obtenu le ravitaillement de l'Airbus en kérosène, mais les autorités algériennes n'avaient livré que dix tonnes de carburant. Le strict minimum pour faire Alger-Marseille ou Alger-Nice, mais Marseille paraissait l'hypothèse la plus vraisemblable.

- Bon, a dit le préfet Géhin. Il faut prévoir les pires ennuis. Si l'assaut du GIGN se transforme en carnage, ou si l'avion saute, je veux que tout soit mis en œuvre sur place pour porter secours aux blessés.

Deux postes médicaux avancés, cinquante ambulances et cinq psychiatres ont été rapidement mobilisés. Un record le jour de Noël !

**
*

Palma de Majorque, 25 décembre 1994.
Le GIGN est sur place depuis 2 heures du matin.
Trente-cinq hommes en noir qui, loin de leur base opé-
rationnelle, vivent au gré des coups de fil et des fax
que reçoit le commandant Favier. Mais ce saint-cyrien
de trente-cinq ans ne sait pas encore qu'il va devoir
diriger, dans quelques heures, l'une des missions les
plus dangereuses et les plus spectaculaires de toute
l'histoire des supergendarmes...
- Préparez-vous pour une intervention sur l'aéroport d'Alger, lui signifie tout à coup de Paris son correspondant au ministère de l'Intérieur.
- Nous sommes prêts à partir, répond Denis
Favier.
Deux heures passent.
Deux heures de silence au bout desquelles le
même interlocuteur de la place Beauvau lui annonce :
- Vous ne bougez pas. L'opération est annulée.
Nous n'avons pas l'accord des autorités algériennes,
mais nous insistons auprès d'elles pour que l'Airbus
puisse partir vers la France.
Et le commandant Favier de raccrocher sur ce
simple commentaire :
- Ce serait la configuration idéale pour notre
intervention !
Vingt-quatre heures d'ordres et de contrordres
vont s'ensuivre. Vingt-quatre heures après lesquelles,
finalement, feu vert est donné au GIGN... pour

s'envoler vers l'Algérie dans l'Airbus qu'Air France a mis à sa disposition.

Pour autant, aucune intervention sur place n'est prévue. Pas plus, d'ailleurs, qu'il n'est prévu de poser l'avion sur l'aéroport Houari-Boumediene. Il s'agit simplement, pour les supergendarmes, de communiquer avec le pilote prisonnier des islamistes sur le tarmac d'Alger.

L'Airbus emprunté par le GIGN est exactement semblable à celui investi par le commando islamiste. En vol, lorsque l'appareil se sera approché à moins de trois cents kilomètres de la capitale algérienne, il tournera en rond au-dessus de Marseille. Il sera alors possible de faire passer directement par radio le message suivant au commandant de bord toujours sous la menace des pirates : « Vous pouvez décoller sans crainte vers la France, où toutes les mesures sont prises pour assurer votre sécurité et celle de vos passagers. »

Un message clair, que l'A300 du GIGN répétera par trois fois sur les trois fréquences susceptibles d'être utilisées à Alger.

Là-bas, au sol, dans l'avion piraté, le pilote d'Air France le recevra cinq sur cinq, et à l'insu du commando islamiste...

Une fois le message envoyé, l'Airbus emportant le GIGN du commandant Favier prendra la direction de l'aéroport de Marseille.

Aéroport de Marseille-Marignane, lundi 26 décembre 1994, 1 heure du matin.

La nuit est tombée depuis longtemps. Une nuit étoilée, par un froid glacial. Partout dans la ville des guirlandes clignotent. Mais dans la tour de contrôle, les visages sont tendus. Une douzaine d'hommes sont là. C'est la cellule de crise. L'ont renforcée le colonel Janvier, du GSIGN, le commandant Favier et le capitaine Kim, du GIGN. Le patron d'Air France - M. Christian Blanc - est également là, accompagné de son conseiller pour la sécurité... qui n'est autre que Philippe Legorjus, l'ancien commandant du GIGN !

Tous ont bien mesuré la gravité de la situation et l'écrasante responsabilité qui pèse sur leurs épaules : libérer sains et saufs les passagers et membres d'équipage de l'Airbus, et neutraliser les quatre ou cinq pirates de l'air qui se trouvent à bord de l'avion.

Trois personnes ont déjà été exécutées par le commando. La détermination des pirates est totale. Il va falloir jouer serré, avec une marge de manœuvre quasi nulle.

Le commandant Favier part rassembler ses hommes sur le tarmac. Une cinquantaine de gendarmes de l'unité d'élite vont se trouver réunis pour un lendemain de Noël qui restera à jamais gravé dans leur mémoire, et dans la chair même de plusieurs d'entre eux...

- Monsieur le préfet, l'avion vient de décoller d'Alger !

Instantanément, le silence s'est fait dans la salle.

- Bon, chacun connaît sa mission ! lance Hubert Blanc.

Puis, se tournant vers son homonyme Christian Blanc - le P-DG d'Air France -, le préfet de région ajoute :

- Monsieur le président, à quelle heure estimez-vous l'atterrissage ?

- Le trajet normal prend une heure quinze. Mais les pirates ont tiré plusieurs coups de feu dans l'Airbus lorsqu'ils ont tué leurs trois otages. Alors le fuselage a probablement été percé...

- Ce qui veut dire ?

- Cela implique un vol à basse altitude - trois mille mètres maximum - pour éviter une dépressurisation. Et l'avion va voler plus lentement... Alors il devrait mettre dans les une heure quarante-cinq minutes...

Mais à 3 heures moins le quart, l'Airbus d'Air France avec cent soixante-douze otages à bord est déjà annoncé ! En effet, la carlingue étant intacte, le pilote a volé à onze mille mètres d'altitude et à la vitesse normale.

Tout se précipite.

- Faites éteindre toutes les autres pistes une fois l'avion posé !

Le préfet Géhin a soigneusement préparé son plan d'intervention. Il sait que le gouvernement ne cédera pas. Le Premier ministre Édouard Balladur s'est montré très clair dans ses instructions, relayées par le ministre de l'Intérieur Charles Pasqua : il faut mettre les pirates hors d'état de nuire dès que possible,

et le plus vite sera le mieux. Face à la menace islamiste, Édouard Balladur a choisi la fermeté exem-
plaire. Une décision difficile, car à hauts risques pour
les otages... comme pour le GIGN.

*
* *

*Aéroport de Marseille-Marignane, 26 décembre
1994, 3 h 12 du matin.*

Les roues de l'Airbus touchent la piste. Dans la
tour, chacun retient son souffle. Pourvu que les pirates acceptent d'aller à l'endroit prévu !

Pour les y aider, selon les ordres, toutes les pistes s'éteignent, sauf celle qui conduit vers l'aire de
parking choisie. Et une Renault 4L avec gyrophare
orange ouvre même le chemin au grand oiseau blanc...
qui le suit docilement.

Dans la tour, tous fixent le haut-parleur
par lequel le commandant de bord va s'adresser à
eux.

Il y a maintenant trois minutes que l'Airbus est
stationné sur son parking...

Mais toujours rien... Le léger bruit de fond diffusé par le haut-parleur devient insupportable...

Quatre minutes, la tension monte encore d'un
cran.

- Mais qu'est-ce qu'ils foutent !

- Il faut attendre... c'est la procédure... ne brus-
quons pas les choses...

Cinq minutes, et enfin le haut-parleur grésille :

- Ici le commandant, me recevez-vous ?

- Parfaitement, ici la tour, parlez !

- Le commando exige le nettoyage des toilettes avec double rinçage, le plein d'eau et le plein complet en kérosène.

- Nous allons faire le nécessaire. Pas de problème, répond l'opérateur.

- Bon, ajoute le commandant de bord, mais il ne faudra pas que cela prenne trop de temps...

- Comptez sur nous, on fait le maximum !

L'homme qui vient de répondre est un gendarme du GIGN. Il a été formé à ce genre de dialogue. Se faisant passer pour un adjoint du préfet, il a pour mission - avec deux de ses collègues - de discuter directement avec le pilote et les pirates de l'air.

*
* *

Aéroport de Marseille-Marignane, 26 décembre 1994, 8 heures du matin.

Le jour s'est levé sur la Côte d'Azur. Un jour malingre, peureux, comme craintif des événements qu'il va devoir éclairer...

Depuis cinq heures maintenant, une partie de bras de fer psychologique se déroule entre le commando et les responsables de la tour. Le préfet Géhin gagne du temps. De toute façon Édouard Balladur a confirmé sa décision : pas question de laisser l'avion redécoller, et assaut du GIGN dès que les conditions seront jugées favorables.

L'assaut, le commandant Favier s'y est préparé avec ses hommes. Et il peut se féliciter de son intuition : un mois plus tôt, il avait dû batailler ferme pour obtenir l'autorisation de s'entraîner à Roissy, presque dans les mêmes conditions...

Quant à l'Airbus, ses hommes le connaissent par cœur. Il y a plus d'un an qu'ils ont tout appris à son sujet.

À nouveau le haut-parleur :

- Ici le commandant de bord. Où en est-on pour l'eau potable ?

- C'est imminent !

- Faites accélérer ! dit le pilote, qui reprend aussitôt : Attendez, il y en a un du commando qui veut vous parler...

Une voix jeune, au français un peu hésitant :

- Allô ! Le commandant, il t'a demandé de remettre à nous le camion d'eau potable... Dépêche-toi, on joue pas, je te dis la vérité !

- Bien sûr, monsieur, aucun problème, répond le gendarme du GIGN dans la tour. Le camion d'eau va partir... Nous ne sommes pas là pour jouer non plus, nous sommes là pour vous rendre service.

Ce dialogue, publié en exclusivité par *le Provençal*, qui s'est procuré la bande son, va se poursuivre tout au long de la journée. La technique consiste à dire oui à toute demande mais à faire traîner pour gagner du temps. Le préfet Géhin sera remarquable : il traitera même de « lâches » les conducteurs des camions-citernes d'eau et d'essence... supposés avoir peur de s'approcher de l'appareil ! Une pure invention de la part de ce haut fonctionnaire, mais cela permettra de rendre crédibles les retards qui s'accumulent malgré la « bonne volonté des autorités ».

Mais maintenant, le ton monte. Pour calmer les pirates, les gendarmes cèdent le micro au préfet Géhin.

Un pirate :

- Tu m'entends, monsieur le préfet ! Je connais pas bien le français... Nous avons demandé du carburant, puis nous partons à Paris. C'est là-bas qu'on va discuter des choses...

Le préfet Géhin réussit une fois de plus, par mille astuces, à apaiser les esprits échauffés. Dans le cockpit, un léger répit. De courte durée.

15 h 30.

- Allô la tour, ici le commandant. Il y a une passagère qui veut vous parler, je vous la passe.

L'otage (une voix de femme) :

- C'est vrai qu'on a dialogué avec eux. Je pense qu'on n'a pas le choix. Il faut leur faire confiance ! On doit poursuivre sur Paris. Ils sont prêts à tout... Aussi vous n'avez pas le droit de penser pour nous !

Le préfet Géhin :

- Madame, nous savons que votre situation est difficile, mais nous avons besoin de garanties du chef du commando.

Un pirate prend le micro :

- Tu m'entends ? À mon avis toi tu veux qu'on va exploser tous ici ! Je te donne une heure et demie !

Le commandant de bord intervient à son tour :

- Vous avez une heure et demie pour faire le plein. Sinon ils libéreront des otages, mais peut-être pas dans l'état que vous espérez...

Une demi-heure plus tard, le préfet Géhin :

- Commandant, je suis désolé, j'ai des difficultés, je n'ai aucun chauffeur qui veut monter...

Le commandant de bord :

- Ça va se terminer très mal ! (...) Ils n'ont rien à perdre, ils sont décidés à mourir si on ne satisfait pas leurs revendications... Si vous saviez tout l'arsenal qu'il y a dans l'avion !

- Commandant, répond le préfet de police Géhin, il faut qu'on trouve une solution négociée sur Marseille...

Un pirate s'empare alors du micro :

- On vous donne une heure pour faire le plein, et dans une heure, si ce n'est pas fait, vous en prendrez toute la responsabilité.

Le préfet :

- D'accord ! Mais est-ce qu'on ne peut pas mettre cette heure à profit pour négocier ?

Le commandant de l'Airbus :

- De toute façon c'est plus la peine, ils n'écoutent plus, ils sont partis... C'est comme Alger, vous verrez, vous ramasserez les cadavres sur le béton ! (...) Vous prenez plus de responsabilités en bloquant cet avion ici qu'en le laissant partir !

Un pirate reprend le micro :

- Nous avons décidé de partir à Orly. À Paris, il y a la presse étrangère du monde entier.

Le préfet :

- Mais la presse du monde entier est déjà ici, à Marseille ! (...) On peut négocier une conférence de presse ici !

Un passager est poussé vers le micro. Il s'agit d'un colonel algérien qui se présente puis affirme :

- Monsieur le préfet, ils sont d'accord sur le principe de la conférence de presse. Comment pensez-vous l'organiser ?

Le préfet :

- Je donne ma parole que si on libère les passagers et l'équipage, il y aura une conférence de presse au pied de l'appareil par le commando ou un de ses responsables.

Le commandant de bord :

- Vous vous doutez bien que la conférence de presse, pour eux, c'est *avant* de libérer les otages !

Le préfet :

- Mais je ne suis pas contre...

Le commandant :

- Bon, c'est une avancée. Ils voudraient une équipe de télé, soit TF1 soit France 2, parce que ça passe en Algérie.

Le préfet :

- Tout à fait d'accord, mais il faudrait qu'ils fassent un geste positif en libérant des passagers.

Le commandant :

- J'essaye de les convaincre.

Deux otages âgés seront finalement libérés, porteurs d'un message écrit ainsi libellé : « Enlevez la passerelle et mettez-la porte arrière gauche quand nous serons à l'arrêt. »

Dès que la passerelle est enlevée, le réacteur gauche de l'Airbus est mis en marche. La radio reste muette. Le deuxième réacteur est lui aussi mis en route.

- Ils vont tenter de décoller ! Faites barrer les pistes avec les voitures de pompiers !

Dans la tour, les traits sont crispés. Que va-t-il se passer ?

Mais voilà que l'avion, au lieu de tourner vers la piste... poursuit vers la tour de contrôle !

Tension extrême. Tous regardent et écoutent le grésillement du haut-parleur.

- Ils ouvrent une porte ! Ils vont abattre un otage !

À soixante-dix mètres, en effet, l'Airbus d'Air France s'est arrêté, la porte avant droite entrouverte.

Chacun redoute la chute d'un otage tué d'une balle dans la tête, comme sur l'aéroport d'Alger.

- Reculez-vous ! Mettez-vous à l'abri ! crie le préfet Géhin qui prend la décision de l'assaut immédiat.

La situation ne peut plus durer. Géhin est allé jusqu'aux extrêmes limites d'une négociation élastique où il a sans cesse dit oui pour gagner du temps...

17 h 06 : deux coups de feu claquent. Un pirate a tiré sur la tour !

Les balles transpercent le vitrage et passent à un mètre au-dessus de la tête du P-DG d'Air France, Christian Blanc, et de son conseiller pour la sécurité, l'ex-GIGN Legorjus.

- Faites évacuer l'aéroport ! Journalistes et personnels doivent être mis à l'abri !

Ayant déplacé son avion, le commandant de bord a posé un sacré problème au GIGN : tous ses appuis au fusil à lunette FRF1 ont sauté. Plus personne n'est dans l'axe. Rapidement les tireurs d'élite quittent les toits pour trouver une nouvelle position efficace.

Par téléphone, le Premier ministre Édouard Balladur confirme sa décision du matin : « Donnez l'assaut aux terroristes ! »

- Top action ! lance le colonel Gilles Janvier, le patron du GSIGN.

JEAN-CLAUDE BOURRET

*
* *

Tarmac de Marseille-Marignane, 17 h 14.

À quatre cents mètres, trois escaliers mobiles s'ébranlent. Il s'agit d'escaliers posés sur une plate-forme de camionnette. Deux hommes du GIGN sont au volant. Si l'un est touché, l'autre prendra sa place.

Sur les escaliers, sept à dix gendarmes, tous sens en éveil...

À deux cents mètres, par la porte arrière gauche, un terroriste ouvre le feu à la Kalachnikov. Dans la nuit qui tombe, on voit le départ des coups et la trajectoire des balles traçantes...

L'un des escaliers est touché en pleine course, mais aucun gendarme n'est blessé.

Plus que cinquante mètres avant l'avion. Le pirate de l'air referme la porte arrière. Les trois escaliers roulants se séparent. Deux vont vers les portes arrière droite et gauche. Le troisième se dirige vers la porte avant droite.

Top chrono. Le conducteur de la camionnette transportant le premier escalier roulant s'arrête à dix centimètres de la carlingue. Les sept gendarmes de l'équipe du commandant Favier bondissent vers le haut des marches.

Troisième seconde de l'assaut. Le gendarme de tête ouvre la porte, mais il aperçoit le terroriste qui la verrouille de l'intérieur. Bras de force. Lutte. La passerelle recule de cinquante centimètres pour donner un meilleur appui de force.

Huitième seconde. La porte s'ouvre en glissant sur le côté. Le gendarme de tête glisse avec elle et manque de tomber.

Dixième seconde. Le gendarme P. fonce, suivi de six camarades de combat. Immédiatement c'est la guerre : des tirs de mitraillette et de pistolets automatiques les accueillent. Les quatre terroristes se sont réfugiés dans le poste de pilotage avec quatre otages : le commandant de bord, le copilote, le chef mécanicien et le chef steward. Le gendarme P. est fauché par une rafale. Cinq balles de Kalachnikov lui arrachent l'épaule gauche. En s'affaissant, il tire deux fois au 357 magnum. Deux silhouettes s'effondrent. Tués ou blessés ? L'enfer en tout cas. Un feu nourri. Des tirs tendus, à travers la paroi qui sépare la cabine de pilotage de celle des passagers...

Dix-neuvième seconde. Un premier gendarme blessé ressort par la porte qu'il vient de franchir. Le gendarme Thierry P. baigne maintenant dans son sang, couché à terre, côté porte avant gauche. Il a eu la force de traverser l'avion dans sa largeur. Un autre gendarme, Alain P., bien que touché aux jambes par les rafales, rend coup pour coup avec son arme. Le commandant Favier est entré en sixième position. Un troisième puis un quatrième gendarme de la première équipe tombent en douze secondes. L'action a maintenant commencé... depuis trente-huit secondes !

Le feu est d'une violence inouïe. Les terroristes tirent sans arrêt à travers les parois. De temps à autre, la porte du poste de pilotage s'ouvre dans l'obscurité et une main tenant une mitraillette tire dans les coins.

Le gendarme Olivier W. est atteint à son tour par une balle tirée à travers la paroi. Fracture du péroné. Le gendarme B. se replie sur la passerelle. Avec la pénombre, les gendarmes sont plutôt handicapés par leur lourde visière de casque anti-balles. Certains la soulèvent l'espace d'un instant pour mieux apprécier la situation. Une fumée âcre envahit la carlingue.

Le feu est si intense que le copilote décide de sauter sur le tarmac en ciment, à la quarante-quatrième seconde, d'une hauteur de dix mètres. Il se casse le col du fémur, part en boitant vers la queue de l'appareil et s'assied un instant, perdu, sur les marches de la passerelle d'assaut avant d'être récupéré au bout de deux minutes par un commando d'appui de l'EPIGN[1].

Intrigué par cette chute - est-ce ou non un terroriste qui s'évade ? -, le gendarme Pascal B. sautera lui aussi depuis la passerelle avant droite, et remontera à l'assaut par l'escalier après avoir identifié le copilote.

À l'avant, plus de deux cents cartouches ont été tirées pendant la première minute. À l'arrière, des hurlements... Cent soixante-six passagers et membres d'équipage, terrorisés, se couchent au sol dans un bruit effrayant.

_____

1. Vingt-sept officiers et sous-officiers dont deux médecins de l'Escadron parachutiste d'Intervention de la Gendarmerie nationale sont présents au côté du GIGN à Marseille.

Porte arrière gauche, première seconde de l'assaut.

Le capitaine Tardy, sur le deuxième escalier roulant, s'est placé contre la porte avec son groupe. Ouverture. Cris de peur. Automatique à la main, Tardy fonce vers les toilettes et y fait irruption, arme pointée... Sait-on jamais, peut-être un terroriste s'est-il caché là ?

Tension extrême... Rien !

Puis les autres recoins. Les cuisines des stewards. Toujours rien. Mais les femmes sont terrorisées par ces hommes-scaphandriers en noir et hurlent :

- Otages ! Otages ! Ne tirez pas !

Tardy marche sur des corps qui rampent, sur des mains. Pas le temps de faire de détail. Il faut évacuer. Mais où sont les terroristes ?... Ça continue de tirer à l'avant. Là-bas il y en a. Mais peut-être ici aussi, cachés entre les rangées à ses pieds ?

Le capitaine Tardy progresse vers l'avant. À travers l'éclairage ultra-puissant des torches spéciales qui trouent l'obscurité de la carlingue comme des projecteurs de DCA, Tardy voit soudain un morceau de paroi se transformer en passoire sous l'impact d'une rafale...

Gémissements à l'avant gauche. C'est P., doublement blessé.

Tirs incessants du GIGN. Il faut obliger les quatre terroristes à rester confinés dans le poste de pilotage pour permettre l'évacuation des passagers...

Longues rafales des islamistes.

H. prend une balle dans son gilet de protection. Le choc est d'une telle violence qu'il a une côte cassée malgré cette protection en plaques de céramique.

Une nouvelle rafale, et H. s'effondre. Il vient de prendre une giclée d'impacts sur son gilet pare-balles. Omoplate déboîtée.

Le casque de P. a éclaté. Quand les médecins vont le lui enlever, personne ne reconnaîtra son visage gonflé, tuméfié, blanc, tordu par la douleur...

Deux gendarmes du deuxième groupe tombent dès les premières secondes. Ils s'étaient portés au secours de la première équipe à l'avant de l'appareil. Roland M. a pris un éclat de grenade et Thierry L. une balle au bras.

Le capitaine Tardy hurle :

- Évacuez ! Évacuez !

Les premiers passagers descendent par son escalier et par celui que le capitaine Kim vient d'installer avec la troisième équipe du GIGN, porte arrière droite.

Les portes de secours gauche et droite sont ouvertes une minute et sept secondes après le début de l'assaut.

Une minute vingt. Les toboggans sont gonflés. Une seconde après, le premier passager se précipite avec une telle peur qu'il va se blesser en sautant dans le vide au lieu de se laisser glisser !

À l'arrivée des toboggans, les commandos d'appui de l'EPIGN. Derrière l'appareil, les pompiers sont là, sans aucune protection ! Mais des vies sont en danger... alors *sauver ou périr !*

- Couchez-vous ! Mains sur la tête !

Les malheureux rescapés de l'Airbus infernal sont plaqués à même le ciment de la piste. Il y a peut-être un terroriste parmi eux... tout est possible. Difficile de faire un contrôle des papiers lorsque les armes aboient avec rage.

Une minute vingt-quatre. Le toboggan avant droit tombe lamentablement, endommagé par une rafale, mais il sera finalement gonflé à la troisième minute.

Une minute trente-neuf. Le toboggan avant gauche se déploie : il servira à l'évacuation d'urgence de P., gravement atteint à l'épaule et au dos, et admirablement soigné sous le feu par les deux médecins du groupe, les docteurs V. et D.

Cabine passagers, avant de l'appareil, première minute de l'assaut.

Le commandant Favier et ses hommes affrontent un déluge de feu. Gémissements et cris de douleur des quatre blessés. L'un d'eux s'éloigne en rampant sur le dos. Sur la moquette, une traînée sombre. Du sang.

Des éblouissements. Le départ des coups de feu du GIGN. Le commandant Favier vient de tirer sa sixième et dernière cartouche. Son 357 Manhurin est vide.

- Grenade ! hurle un gendarme.

Par la portière du cockpit entrebâillée une fraction de seconde dans la pénombre, une main vient de lancer le fruit mortel de la taille d'une grosse orange.

Un éclair, puis une formidable explosion. Le commandant Favier est projeté « cul par-dessus tête » dans la première rangée de fauteuils. Le gendarme P., déjà grièvement blessé à l'épaule et au bras, est criblé d'éclats. Il sera basculé dans quatre minutes par le toboggan de la porte avant gauche. Les GIGN répliquent dans d'effroyables conditions, le bruit assourdissant des rafales et l'explosion d'une première grenade qui les a sonnés et blessés.

- Grenade ! Attention, grenade !

Nouveaux hurlements dans le noir. Explosion... La tête qui devient point de douleur. Les tympans comme des poignards qui entrent dans la cervelle, l'odeur de poudre, l'odeur de sang, les cris des passagers, les gémissements des copains blessés et qu'on ne peut encore évacuer, l'apocalypse...

Le commandant Favier, à demi sonné, cherche ses cartouches sous son gilet pare-balles. Il cherche, mais ne sait plus où les trouver.

- Munitions ! Munitions !

À cinq mètres derrière lui, un adjudant lui lance un chargeur rapide pour revolver.

Par bonheur, le capitaine Kim et son équipe arrivent en renfort. Ils sont entrés par la porte arrière droite.

Porte arrière droite, vingt-huitième seconde de l'assaut.

Le capitaine Kim et son groupe franchissent l'entrée. Puissantes lampes à la main, ils doivent évacuer au plus vite les passagers pour les mettre à l'abri. Ça tire terriblement, à l'avant. Kim entend une myriade de détonations sous son casque anti-balles. Il marche sur des corps allongés qui crient : « Otages !

Otages ! Ne tirez pas ! » Panique. Cris de peur. Cris de douleur des passagers blessés par des balles perdues.

- Mains sur la tête ! À terre ! répètent les GIGN.

Le capitaine Kim, 9 mm SIG à la main droite, soulève les corps comme des fétus de paille. Le stress décuple ses forces. De sa seule main gauche, il relève les passagers dans le couloir de droite, les regarde intensément l'espace d'une seconde... Au regard, à l'instinct, il « sent » s'il s'agit d'un otage ou pas.

En trois minutes et dix secondes, tous les passagers sont évacués. Cinq minutes trente après le premier assaut porte avant droite, le capitaine Kim et ses hommes ont réussi leur mission sans casse : sauver les cent soixante-six passagers de l'Airbus. Mais il reste quatre otages dans le poste de pilotage tenu par quatre terroristes.

Automatique pointé vers la zone de feu, le capitaine Kim progresse rapidement vers l'avant par l'allée de droite. Là-bas, à trente mètres, des éclairs continuent de zébrer la nuit.

- Fais gaffe à toi ! hurle un gendarme. Reste pas au milieu du couloir, ça défouraille !

Le capitaine Kim se jette un instant à l'abri des sièges.

- Vous avez besoin de quoi ?

- On a besoin de matos ! D'un bouclier pare-balles, de riot-guns et du gaz !

Le capitaine Kim court dans l'avion, laissant la fusillade derrière lui. Il sort par la porte arrière droite, descend l'escalier.

Sous l'aile gauche, deux EPIGN avec deux grands sacs à dos. Les deux toubibs soignent P. au pied du toboggan avant gauche, sous le feu des terroristes. Kim s'approche. Qui est blessé? Mais il ne reconnaît pas P., dont le visage est déformé par la souffrance.

- Capitaine! On se fait rafaler!

Autour du blessé et des deux médecins, des étincelles allument le ciment. Depuis le cockpit et à travers les parois de l'avion, les terroristes visent le blessé pour l'achever. Un nouveau drame se joue. En une fraction de seconde, le capitaine Kim ajuste plusieurs coups en direction du feu ennemi... Là-haut, l'islamiste surpris par la réplique cesse de tirer. Blessé, ou s'étant mis à l'abri.

« Le matos! » pense le capitaine. Vite, réussir à trouver le matériel réclamé par les copains qui voient dix fois la mort à chaque seconde dans les fauteuils douillets de la première classe.

Sous l'appareil, des commandos de l'EPIGN, admirables de sang-froid et d'efficacité sous le feu, vont fournir tout le nécessaire en deux minutes.

Le capitaine Kim abandonne les bonbonnes de gaz. Dans l'assaut, personne n'a pris son masque pour ne pas s'alourdir inutilement.

L'officier remonte dans l'avion. Là-bas, à l'avant, explosions et rafales se succèdent.

Cabine de pilotage, septième seconde de l'assaut.
Dans la cabine, ils sont huit: les quatre terroristes qui viennent d'entrer comme des fous, et les quatre membres de l'équipage. Les quatre otages se

couchent, se recroquevillent, se fondent avec le plancher, veulent fuir l'enfer qui commence.

Dans le petit espace où ils sont, le bruit des armes est terrifiant. Tout de suite la réplique du GIGN fait voler les pare-brise en mille éclats.

Trentième seconde. Le chef mécano ouvre une trappe de visite minuscule et s'échappe par les entrailles de l'avion.

Trente-quatrième seconde. Le copilote s'extrait par un hublot latéral et se laisse tomber au sol. Les terroristes tirent sans cesse à travers les cloisons. Pour le GIGN, l'enfer a commencé il y a une minute de l'autre côté de la paroi déjà criblée de balles.

Escalier avant droit, deuxième minute de l'assaut.

Un gendarme du GIGN prépare une grenade éblouissante et assommante. Il s'approche du hublot par lequel le copilote vient de se laisser tomber, la lance... et rate !

La grenade explose sous le nez de l'appareil, dans une gerbe de lumière intense.

Deux minutes vingt-huit. Deuxième grenade pour une deuxième tentative. Réussie ! Une lueur de plein soleil dans le cockpit, une déflagration formidable, une fumée blanche qui s'échappe en longue écharpe par le hublot. Sont-ils tous KO ? Au contraire ! Dans cet « état second » que le GIGN a souvent rencontré, les quatre terroristes tirent comme à la foire. Comme si rien ne s'était passé ! Leurs rafales rageuses répondent aux courtes rafales professionnelles du GIGN.

Deux minutes quarante et une. Un gendarme est fauché par une rafale au sommet de l'escalier.

Trois minutes. Explosion d'une grenade.

Trois minutes quatre secondes. Les premières voitures de pompiers arrivent derrière l'Airbus, lances carboniques pointées au cas où...

Trois minutes onze secondes. Un blessé est évacué sous l'aile avant gauche. Il est protégé par plusieurs soldats de l'EPIGN en position de tir vers le cockpit. Les points d'appui sont essentiels pour maintenir le feu contre les terroristes qui tentent de sortir à chaque instant pour tirer sur les otages... Coûte que coûte il faut répliquer aux deux mitraillettes : une Kalachnikov (russe) et une Uzi (israélienne), plus deux pistolets automatiques 9 mm.

Quatrième minute. Par radio, le commandant Favier ordonne à ses tireurs d'élite d'ouvrir le feu. Un preneur d'otages est tué sur le coup.

- Grenade !

Explosion.

- Attention, grenade !

Explosion. Fumée. Réplique. Les tirs sont incessants...

Six minutes et demie. P., gravement blessé à l'épaule et au dos, est descendu par le toboggan avant gauche.

Sept minutes une seconde. Nouveaux coups de feu des tireurs d'élite au FRF1 dans les pare-brise de l'avion qui s'étoilent sous les puissants impacts.

Tirs, détonations et grenades, bâtons de dynamite qui explosent avec une flamme rouge et beaucoup de fumée.

Dix minutes quatorze. Quatre GIGN remontent à l'assaut par l'escalier avant droit. Ils restent un long moment les uns derrière les autres, revolvers pointés vers la porte et le cockpit. Le chef d'équipe Philippe grimpe les marches une à une. Encore une marche... Sa tête arrive à hauteur du plancher de la plate-forme. Soudain, une gerbe d'étincelles... L'un des terroristes a tiré une rafale au jugé, Philippe tombe à la renverse... Incroyable : une balle a fracassé son arme, qui lui a sauvé la vie. Il s'en tire avec un doigt cassé et quelques égratignures. Et gardera précieusement son SIG 9 mm en souvenir du miracle.

Cabine passagers, près du poste de pilotage, troisième minute de l'assaut.

Le commandant Favier crie ses ordres :

- Gardez vos appuis !

Bruit assourdissant des armes. Flashes des départs dans la pénombre. Petit bruit de grelot des douilles qui s'amoncellent un peu partout.

Bien que blessé, le chef de groupe M. continue de tenir sa position. Tous ses hommes sont avec lui, en soutien. H., touché, s'effondre. Il est traîné vers l'arrière. Le commandant Favier assure l'appui de protection pour son évacuation. Il tire sa onzième cartouche sur le bras armé d'une mitraillette qui arrose au hasard pour la trentième fois depuis le début de l'assaut.

Dixième minute. Les tirs sont plus espacés. Sans doute y a-t-il un ou deux morts parmi les preneurs d'otages.

Onze minutes vingt secondes. Nouvelle offensive des terroristes.

- Attention, grenade !

Encore une explosion. Les GIGN se couchent derrière les fauteuils, puis se relèvent en un clin d'œil et visent un bras qui a déjà disparu. Avec une préoccupation permanente depuis le début : ne pas blesser les otages. Mais dans quel état vont-ils trouver le pilote et le steward ?

Quatorze minutes. Tirs plus espacés. Un seul pirate, semble-t-il, est encore en vie.

Vingtième minute. Tout à coup, dans la tour de contrôle où la cellule de crise assiste impuissante à cet interminable combat, une voix sort du haut-parleur :

- Ici le commandant de bord ! Ne tirez plus, ils sont tous morts !

C'est fini. Le GIGN est prévenu par radio. Sous les casques, le colonel Janvier répercute l'information...

- Halte au feu ! Le pilote affirme que les terroristes sont morts !

- Sortez les mains en l'air ! hurle Denis Favier qui se méfie d'une ruse des preneurs d'otages.

Le steward et le pilote sortent, hagards, dans un tel état de choc qu'ils ne semblent pas voir ce qui les entoure.

Dans le cockpit, quatre corps enchevêtrés. Partout des impacts de balles. Plus de mille cinq cents coups ont été tirés, et une vingtaine de grenades ont explosé...

Un étrange silence s'abat dans le cœur des hommes. Les jambes flageolent, c'est la décompression...

Rassemblement au pied de l'appareil. Comme chaque GIGN, le commandant Favier sait qu'il vient de vivre une mission historique. Chacun a vu vingt fois la mort de près. Et pourtant, personne n'est mort parmi les GIGN, ni parmi les passagers ni parmi l'équipage. Au total une trentaine de blessés, dont neuf pour le GIGN. Un miracle quand on songe à la violence du feu et à la ruse des terroristes. Les tireurs d'élite apprendront par des ex-otages que ceux-ci avaient été obligés de se pencher par une porte ouverte... avec un passe-montagne de terroriste et une Kalachnikov à la main ! Et l'un des islamistes avait revêtu la veste du commandant de bord pour ne pas être abattu par les tireurs d'élite !

Plus tard encore, les démineurs découvriront quatre charges d'explosifs. Les pirates voulaient peut-être faire sauter l'avion en plein vol au-dessus de Paris...

Cette action vaudra des félicitations mondiales à la France et au GIGN, depuis celles du Président des États-Unis jusqu'à celles du Premier ministre israélien en passant par toutes les autorités françaises.

Mais la plus belle récompense, c'est la fraternité resserrée au sein de cette unité d'élite. Et beaucoup ont pleuré silencieusement lorsque, arrivant à leur caserne, ils ont vu s'amonceler les télégrammes et bouquets des familles dont ils avaient sauvé les êtres chers.

Le commandant Favier et le GIGN entraient dans l'Histoire mondiale de la lutte antiterroriste.

LES COMMANDANTS DU GIGN
DEPUIS SA CRÉATION EN 1973

1973-1982 : C. E. Christian Prouteau.

1982-1983 : Cap. Paul Barril.

1983-1985 : Cap. Philippe Masselin.

1985-1989 : C. E. Philippe Legorjus.

1989-1992 : C. E. Lionel Chesneau.

1992-1995 : C. E. Denis Favier.

Le GSIGN (Groupement de Sécurité et d'Intervention de la Gendarmerie nationale) est commandé par le colonel Janvier.

Il est composé de 315 hommes répartis en trois unités :

• Le GSPR (Groupe de sécurité de la présidence de la République) : 103 hommes.
Commandant Fortemps.

• L'EPIGN (Escadron parachutiste d'Intervention de la Gendarmerie nationale) : 124 hommes.
Capitaine Strub.

• Le GIGN (Groupe d'Intervention de la Gendarmerie nationale) : 88 hommes.
Commandant Favier.

Directrice littéraire
Huguette Maure

Graphiste
Pascal Vandeputte

Composition :
COMPO-MÉCA s.a. – 64990 MOUGUERRE

Impression réalisée sur CAMERON par
BRODARD ET TAUPIN
La Flèche

pour le compte des Éditions Michel Lafon
en janvier 1995

Imprimé en France
Dépôt légal : janvier 1995
N° d'impression : 1104 L-5
ISBN : 2-84098-068-1
50-1368-5